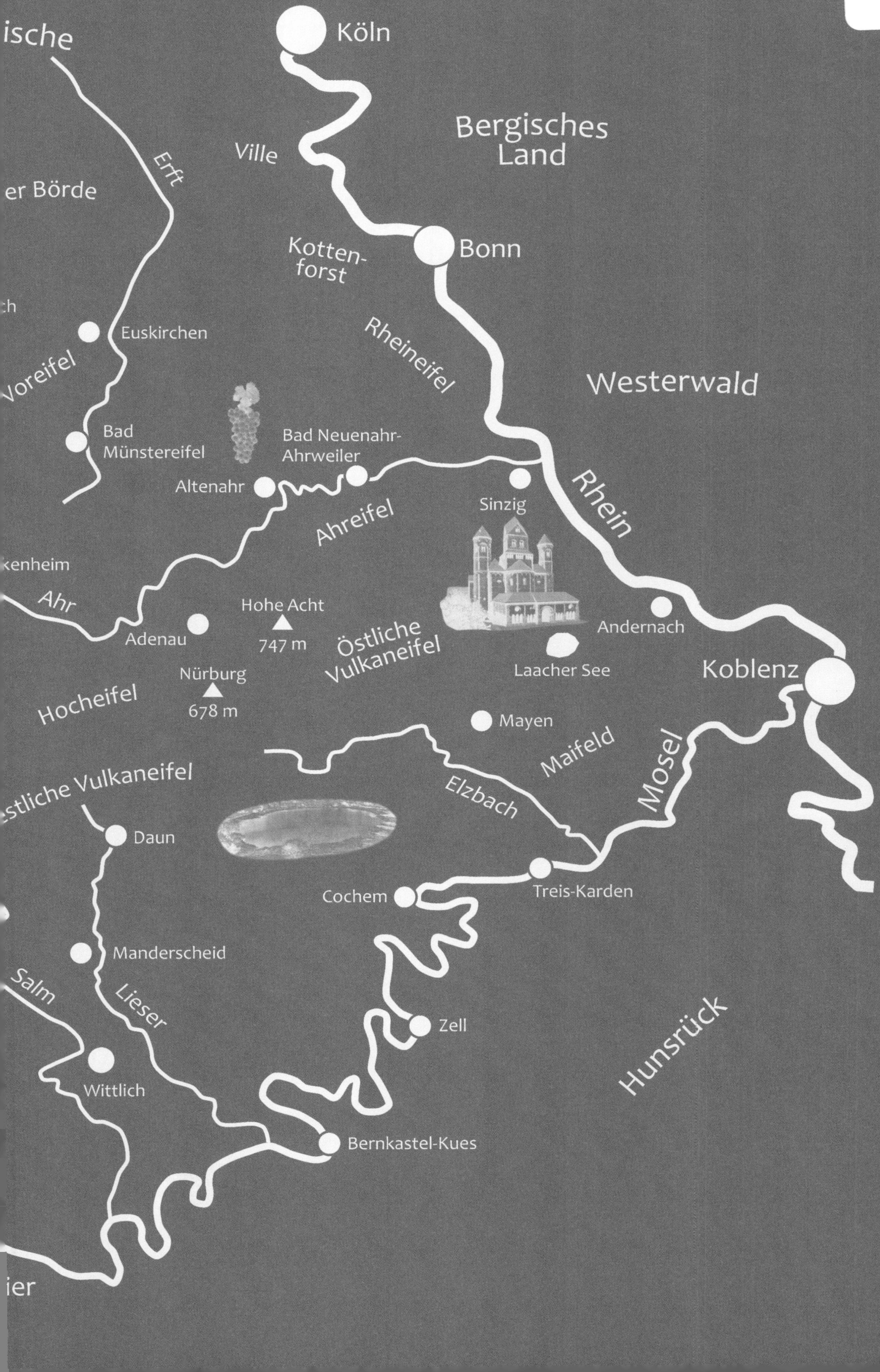
ische
Köln
Bergisches
Land
Ville
Erft
er Börde
Kotten-
forst
Bonn
ch
Euskirchen
Rheineifel
Voreifel
Westerwald
Bad
Münstereifel
Bad Neuenahr-
Ahrweiler
Altenahr
Sinzig
Rhein
Ahreifel
kenheim
Ahr
Hohe Acht
747 m
Adenau
Östliche
Vulkaneifel
Andernach
Laacher See
Koblenz
Nürburg
678 m
Hocheifel
Mayen
Maifeld
Mosel
Elzbach
stliche Vulkaneifel
Daun
Treis-Karden
Cochem
Manderscheid
Salm
Lieser
Zell
Hunsrück
Wittlich
Bernkastel-Kues
ier

Bernd und Gabriele Steinicke
Jürgen Haffke • Bruno P. Kremer

Eifelnatur

Eifel-Verlag

Bernd und Gabriele Steinicke
Jürgen Haffke • Bruno P. Kremer

Eifelnatur

Kostbarkeiten einer einmaligen Landschaft

Die Deutsche Nationalbibliothek verzeichnet diese Publikation in der Deutschen Nationalbibliografie; detaillierte bibliografische Daten sind im Internet über http://dnb.d-nb.de abrufbar.

Das Werk ist in allen seinen Teilen urheberrechtlich geschützt. Jede Verwertung ist ohne Zustimmung des Verlags unzulässig. Das gilt insbesondere für Vervielfältigungen, Übersetzungen, Mikroverfilmungen und die Einspeicherung in und Verarbeitung durch elektronische Systeme.

© Eifel-Verlag, Jünkerath 2018
ISBN 978-3-943123-28-9

Gestaltung und Satz: Gabriele Nohn-Steinicke, Wittlich

Besuchen Sie uns im Internet: www.eifel-verlag.de

Inhalt

Faszinierende Eifelnatur 6
Landschaftliche Vielfalt im Herzen Europas

Ascheströme und Calderen 18
Das Laacher-See-Gebiet

Von den höchsten Kuppen zu den Eifelmaaren 34
Eindrücke aus der Vulkaneifel

Tiefe Täler, steile Klippen 48
Aufregende Südeifel

Wacholderheiden und Orchideenwiesen 62
Szenen aus der Kalkeifel

Mal lieblich, mal schroff, aber immer reizvoll 78
Das Ahrtal – attraktives Tor zur Eifel

Waldland am Eifelrand 94
Unterwegs im Naturpark Rheinland

Der Traum vom Eifelwald 110
Im Nationalpark Eifel

Brackvenn, Narzissenwiesen und Buchenhecken 124
Im Randgebiet des Hohen Venn

Besuchertipps und Literatur 140

Faszinierende Eifelnatur

Landschaftliche Vielfalt im Herzen Europas

Kein Zweifel: Die Eifel ist ein Abenteuer. Ist gängigen Vorurteilen zum Trotz nicht rückständiger als andere Gegenden, nicht schroffer, langweiliger, unwirtschaftlicher. Sie ist nur anders.

Lutz-P. Eisenhut

Faszinierende Eifelnatur
Landschaftliche Vielfalt im Herzen Europas

Die Eifel – ein Schmetterlingsflügel

Bisweilen lösen Launen der Natur in Kartenwerken verblüffende Vorstellungen aus. Wer denkt schon beim Rheinischen Schiefergebirge an einen Schmetterling. Aber mit etwas Phantasie zeigt sich auf einer physischen Karte der Gebirgskörper mit seinen vier Teilen – Eifel, Westerwald/Sauerland, Hunsrück und Taunus – tatsächlich einem Schmetterling ähnlich. Die Eifel bildet mit dem auf belgischen Gebiet angrenzenden Ardennen gleichsam den linken Vorderflügel. Ein einprägsames und schönes Bild, das wir, in unserem Blick auf die Natur dieses besonderen Mittelgebirges gerne aufgreifen. Seit etwa 100 Jahren dehnt man die alte fränkische Regionalbezeichnung Eifel fast auf sämtliche Teilgebiete zwischen dem Rhein im Osten, der Mosel im Süden, der deutschen Landesgrenze im Westen und dem Steilrand des Schiefergebirges gegen das Niederrheinische Tiefland im Norden aus – ein Gebiet, das man ebenso gut mit dem schon römischen Städteviereck Bonn, Koblenz, Trier, Aachen abstecken könnte. In einem Punkt sind sich alle einig, seien es erklärte Naturliebhaber, Einheimische oder Ausflügler: Die Eifel fasziniert mit ihrer überaus facettenreichen landschaftlichen Vielfalt.

Die Rurtalsperre, in der ersten Ausbaustufe 1934-37 errichtet und 1955-58 beträchtlich erweitert, ist Deutschlands größter Stausee und Herzstück des Nationalparks Eifel. Obwohl künstlich angelegt, fügt er sich in die nordwestliche Eifellandschaft hervorragend ein.

Ein bunter Bilderbogen

Auch wenn es verwirrend klingen mag: Die Eifel gibt es nicht. Stattdessen bieten sich mehrere in ihrer Natur und ihrem Erlebniswert grundverschiedene Landschaftseinheiten. Sie zeigen einerseits einen Ausschnitt aus der Geologie des Erdaltertums (Paläozoikum) vom Kambrium bis in das Devon. Sie erlauben aber auch Einblicke in das Erdmittelalter (Mesozoikum, insbesondere im südlichen und nördlichen Trias-Dreieck) und lassen natürlich auch Tertiär sowie Quartär erleben.

*Weithin zeigt sich die Eifel als welliges Hochflächengebiet – meist nur in den Vulkanfeldern unterbrochen von Kuppen und Rücken wie hier am **Rockeskyller Kopf**.*

*Besondere Glanzlichter der Eifellandschaft sind die Maarseen. Sie entstanden überwiegend gegen Ende der letzten Kaltzeit. Das stille **Weinfelder Maar** beeindruckt durch seine herrliche Lage.*

Nächste Seite:

∨

*Die rund 200 Millionen Jahre lange Verwitterung hat die ursprünglichen Eifelberge aus der karbonzeitlichen Auffaltung im **Maifeld** zur fast tellerflachen Rumpffläche verschliffen.*

∨

*Der 460 m hohe, etwa 410 000 Jahre alte Phonolithdom **Olbrück** mit der gleichnamigen Burgruine, dominiert das gesamte obere Brohltal.*

Europaweit einzigartig sind die aus diesen Zeiten stammenden Vulkanfelder mit Calderen, Maarseen, Meteoritenkrater, Mofetten, Trockenmaaren, Schichtvulkanen, Lava- und Aschenströmen, eiszeitlicher Rutschfalte und Geysiren. Man könnte auch in die Auvergne reisen, muss es aber nicht, denn überall in der Eifel finden sich in geotouristischer bzw. erdwissenschaftlicher Hinsicht mindestens vergleichbare Höhepunkte. Seit Herbst 2006 verbindet die Deutsche Vulkanstraße auf insgesamt 280 km Streckenlänge die vulkanologisch herausragenden Objekte.

Der geologischen Vielfalt entspricht der Reichtum der Pflanzen- und Tierwelt. Ausgedehnte Waldgebiete, Äcker und Wiesen, Garten- und Siedlungsland, Bachauen und Höhenzüge bilden ein großes Mosaik verschiedenster Ökotope. Der besondere Erlebniswert der in Jahrmillionen entstandenen Eifelnatur ergibt sich aus ihrer Verschmelzung mit dem seit Jahrtausenden feststellbaren Wirken des Menschen. Von der Frühgeschichte bis zur jüngsten Vergangenheit bietet die Kulturlandschaft der Eifel nicht nur in Einzelfunden, Ruinen und erhaltenen Gebäuden wertvolle Zeugnisse aus allen Zeiten. Vielmehr spiegelt die Verbreitung besonderer Pflanzenarten, die Vorkommen von kleinen und großen Tieren, aber auch ihr Fehlen den tiefgreifenden Einfluss des Menschen. Wir nutzen die Schätze der Eifelnatur: Mineralwasser in Abfüllbetrieben, Thermalwasser in Badeorten. Und wüssten wir ohne den Abbau von Basalt und Bims und die dadurch seit Römerzeiten entstandenen Steinbrüche so viel über die Geologie? Es ist kein Zufall, dass hier der UNESCO Global Geopark Vulkaneifel, der Nationalpark Eifel und die großen Naturparks Süd- und Nordeifel sowie Rheinland eingerichtet worden sind. Und mit Hilfe des Radioteleskops in Effelsberg lauschen wir in die Tiefen des Weltalls, wenn uns der Blick von der Sternwarte am Internationalen Platz Vogelsang IP nicht reicht.

Faszinierende Eifelnatur
Landschaftliche Vielfalt im Herzen Europas

Nachdem man im alten Rheinarm beim Namedyer Werth verräterische Gasblasen aufsteigen sah, brachte man hier im Jahre 1903 eine Bohrung nieder, um das aufquellende Kohlenstoffdioxid technisch zu gewinnen. Ein neues 2001 angelegtes Bohrloch ist 350 m tief. Etwa alle 100 Minuten treibt der Druck des ausperlenden Kohlenstoffdioxid-Gases, das aus einer erkaltenden Magmakammer in der Tiefe stammt, das angesammelte Wasser als (regulierte) Fontäne heftig zischend in die Höhe – bei Windstille auch schon mal bis zu 60 m hoch. Seit November 2008 ist sie als höchster Kaltwassergeysir der Welt offiziell in das Guinness-Buch der Rekorde eingetragen.

Eifelnatur – Kostbarkeiten einer einmaligen Landschaft

Es gibt gute Bücher über die Kultur der Eifel, ihre Burgen, Städte und Dörfer, Kirchen und Klöster, Sagen und Legenden. Sie werden zu Recht gerne gelesen auch von den Tausenden, die hier Erholung suchen. Was aber fehlt bisher? „Urlaub in der Eifel – Naturerlebnis pur", mit diesem Motto wirbt die Region. Wir verstehen das im wörtlichen Sinne als Auftrag, Sie in ansprechenden Bildern und fundierten Texten mit der Eifelnatur vertraut zu machen, besonders mit den Kostbarkeiten einer einmaligen Landschaft. Wir schärfen Ihren Blick gewissermaßen für die große „Bühne", auf der die „Kulissen" aus Menschenhand stehen, zwischen denen sich die Komödien und Dramen unseres Lebens abspielen. Wir weisen Sie auf zahlreiche Anlaufpunkte hin, die Sie an die großartige Eifelnatur heranführen und versprechen Ihnen interessante Ausflüge.

Unsere Einladung

Folgen Sie uns auf unserer Entdeckungsreise zur Eifelnatur. Wir stellen Ihnen die Eifel vor, wie sie im Verlauf von Jahrmillionen und durch den Menschen zu der Landschaft geworden ist, die wir heute schätzen und ihrer Natur gemäß weiterentwickeln wollen. Das „Eifelmeer" Laacher See, die Hohe Acht, die Dauner Maare, die Felsen am Ferschweiler Plateau, Wacholder und Orchideen in den Eifelkalkmulden, Falten und Umlaufberge im Ahrtal, der eigentümliche Kottenforst, der herbstlich goldene Buchenwald im Nationalpark Eifel, Narzissen und Hecken bei Monschau sind nur einige Stationen auf unserem windungsreichen Weg. Wir meinen, es lohnt sich, vertraute Pfade zu verlassen! Und wenn wir Ihre Neugier geweckt haben, finden Sie am Schluss des Buches Tipps für Ausflüge und weiterführende Literatur.

Willkommen in der faszinierenden Eifelnatur!

∨
Üßbachtal bei Strotzbüsch
Wo das Relief keine landwirtschaftliche Nutzung erlaubt, stocken Forsten und Wälder.

∨∨
Sauer bei Bollendorf
Zahlreiche kleine Fließgewässer durchziehen die Eifel. Die weitaus meisten entwässern zur Mosel.

>
Beeindruckende landschaftliche Weite erleben – auf den Hochflächen der Eifel kein Problem. In der Ferne zeichnet sich bildmittig der **Mosenberg-Vulkankomplex** ab. Im Vordergrund ist das Meerfeder Maar zu sehen.

∨∨
Hohes Venn
Kontrastreich und dennoch harmonisch – die Eifel erfreut das Auge mit wunderbaren Kompositionen.

Faszinierende Eifelnatur
Landschaftliche Vielfalt im Herzen Europas

#Ascheströme und Calderen

Das Laacher-See-Gebiet

Jede Zeit hat ihre Rhythmen, jede Landschaft ein buntes Zusammenspiel von Ursprung und Geschichte, Bildnis und Gleichnis. Eine Landschaft kann, unberührt vom formenden Zugriff des Menschen, ihr Urbild weithin bewahrt haben. Sie kann aber auch eine Wandlung erfahren haben unter schöpferischen Ideen und der Leitung technischer Vernunft.

Drutmar Cremer

Ascheströme und Calderen
Das Laacher-See-Gebiet

Abtei Maria Laach
Regionalgeologie im Anblick eines bedeutenden Bauwerks: Die hellen unteren (leicht rötlichen) Lagen im aufgehenden Mauerwerk bestehen aus Laacher Tuff (gewonnen im östlichen Laacher Kessel). Die eher gelblichen und weitaus dominierenden Werksteine aus Tuff lieferte der Weibern-Riedener Vulkankomplex. Die Eckeinfassungen sind aus Basaltlava (Mendiger und/oder Veitskopf-Lava) gefertigt. Die Dacheindeckung besteht aus Mayener Devonschiefer.

Die Säulen in der „Paradies" genannten mittelalterlichen Vorhalle bestehen überwiegend aus karbonzeitlichem Kalkstein aus dem Eifel- und Ardennenraum. Der von vier Löwen getragene Brunnen ist eine Arbeit aus den 1920er Jahren.

Eine der jüngsten Vulkanlandschaften im kontinentalen Europa liegt im direkten Umkreis des heutigen Laacher Sees: Das Osteifeler Vulkanfeld, eines der vier Vulkanfelder in der Eifel, entwickelte sich über etwa 500 000 Jahre hinweg in der direkten Folge stärkerer Hebungen des Schiefergebirgsrumpfes und umfasst etwa 120 Einzelvulkane. Seine Eckpunkte bilden im Norden die Basaltvulkane Teufelsburg bei Oberheckenbach bzw. Leilenkopf bei Niederlützingen, im Osten die Hohe Buche bei Brohl, im Süden der Beuelskopf bei Winningen über dem nördlichen Moselufer und im Westen der Hochsimmer bei Ettringen. Damit gehören auch noch Anteile des Mittelrheinischen Beckens zum Vulkanfeld. Vereinzelte quartärzeitliche Vulkane finden sich aber auch außerhalb des oben umrissenen Areals. Ihre Fundpunkte liegen beispielsweise westlich von Virneburg, bei Mertloch sowie bei Düngenheim. Hierher gehören schließlich auch der bemerkenswerte Rodderberg oberhalb von Bonn-Mehlem und auf der rechten Rheinseite zwei Ausbruchspunkte im Westerwald bei Höhr-Grenzhausen und Caan. Die beiden letztgenannten Vulkane sind übrigens die ältesten Vertreter des Osteifeler Vulkanfeldes – der jüngere Eifelvulkanismus begann damit tatsächlich auf der heutigen Westerwaldseite des Schiefergebirges.

Die starke Hebung, die letztlich den quartärzeitlichen Vulkanismus auslöste, hat Teile der Eifel aus immer noch nicht so recht verstandenen Gründen bis heute immerhin um mehr

als 200 m aufsteigen lassen. Diese – bis heute andauernden – Bewegungen vollziehen sich zum Teil bruchlos, aber an den Verwerfungen fallweise auch ziemlich ruckartig. Solche plötzlichen Versetzungen äußern sich durch ein Erdbeben. Besonders häufig treten sie nach der aktuellen Erdbebenstatistik (im Internet abrufbar) in der Niederrheinischen Bucht und nicht selten auch im Neuwieder Becken sowie in der Südosteifel auf. Teile der Eifel wachsen weiterhin um Millimeterbeträge im Jahr in die Höhe und steigen damit erstaunlicherweise deutlich rascher auf als im langfristigen Mittel während der Auffaltung am Ende des Erdaltertums oder während des jüngeren Tertiärs.

Aschen, Laven und Tuffe

Der ereignisreiche quartärzeitliche Vulkanismus begann in der Osteifel mit der Förderung heller phonolithischer Tuffe und Laven sowie dunkler basaltischer Aschen. Die heute weitgehend verlassenen Steinbrüche zwischen Rieden und Weibern vermitteln einen großartigen Eindruck von der Mächtigkeit der hier entstandenen und schon zur Römerzeit abgebauten Tuffdecke. Vor der Eruption sammelte sich das aus der Tiefe aufgestiegene, geschmolzene Gestein (Magma) in unterirdischen Kammern (auch Herde genannt) nahe der Oberfläche. Der Ausstoß von Aschen und Tuffen entleerte sie, so dass die nunmehr dünne Erdkruste darüber stellenweise in Form breiter Senken einbrach. So entstand beispielsweise der Riedener Kessel, der eine geradezu klassische Caldera-Struktur darstellt. Benannt ist diese bemerkenswerte Geostruktur nach dem spanischen Wort für Kessel. Außer phonolithischen Tuffen förderten die Vulkane aber auch phonolithische Laven. Diese erstarrten innerhalb der Tuffschichten bzw. oberen Grundgebirgsschichten gewöhnlich zu rundlichen Phonolithkuppen. Ein besonders markantes, ebenmäßig rundliches Beispiel trägt die Burgruine Olbrück. Auch die weiteren eindrucksvollen und heute der Kempenicher Hochfläche aufgesetzten Kuppen gehören dieser Vulkangeneration an.

Vom älteren Phonolith zum jüngeren Basalt

In einer zweiten Phase warfen die Osteifeler Vulkane vor allem basaltische Aschen, Laven und Schlacken aus. Zeitlich überlagern sich dieser Basalt- und der Phonolith-Vulkanismus. An mehreren Stellen liegen die Basaltaschen sogar unter den Phonolithtuffen (Tuffgrube am Südwestfuß des Hochsteins westlich der Straße Ettringen-Bell). Aus diesem Abschnitt des vulkanischen Geschehens stammt der heute weithin sichtbare und landschaftsdominante Hochsimmer bei Ettringen, mit 587 m die höchste Erhebung der Osteifel überhaupt. Ausfließende Lava hat seinen Basalt-Schlackenkegel nach Süden geöffnet, so dass nur ein hufeisenförmiger Ringwall erhalten blieb.

Die an mehreren Stellen ausgetretene Ettringer und Mayener Lava, gesteinskundlich als Leuzit-Tephrit bezeichnet, setzte während ihres Austritts die darin gelösten Gase frei und erhielt deswegen bei der Erstarrung eine eigenartig schaumig-poröse Struktur – eine für technische Zwecke außerordentlich interessante Ausgangslage, weil sich das Material leicht bearbeiten lässt. Man fertigte daraus vor allem Mühl- und Mahlsteine. Solche Gerätschaften aus der Osteifeler Basaltlava wurden schon in der Jungsteinzeit sogar bis Südengland

Selbst mitten im Winter ein grandioser Eindruck – mittig im Hintergrund der strichgenau 400 m hohe Thelenberg

Die Kapitelle auf der Eingangsseite des Paradieses sind neuzeitliche Repliken aus feinkörnigem Sandstein (vorerst) unbekannter Herkunft.

*Weibchen der **Plattbauchlibelle***

***Adonislibellen** sind auch im Laacher-See-Gebiet nicht selten.*

***Blässrallen** zählen zu den häufigsten heimischen Bewohnern von Stillgewässern.*

Blätter auf dem Wasser, Blütenstände aber in der Luft: **Wasser-Knöterich**

exportiert. In den Dörfern rund um den Laacher See sind diese dunklen Vulkangesteine auch im Mauerwerk vieler Wohn- und sonstiger Funktionsgebäude zu sehen. Selbst die berühmte Abteibasilika Maria Laach (Sancta Maria ad Lacum) ist nicht nur ein bedeutsames baugeschichtliches Denkmal der staufisch-salischen Hochromanik, sondern gleichzeitig ein imposantes Schaustück der regionalen Erdgeschichte: An den Ecken von Türmen und Apsiden sowie überall im Sockelbereich sind die Werkstücke aus Veitskopflava und anderer Herkünfte aus dem nahen Umfeld auszumachen.

Spektakulärer Schlussakkord in der Späteiszeit

Vor etwa 200 000 Jahren hatte sich im Raum Wehr wiederum ein Herd mit relativ leichten, nichtbasaltischen Magmen entwickelt. In mehreren Schüben schleuderte er durch verschiedene Schlote phonolithische Bimsmassen aus. Bims ist ein rasch erstarrtes und durch Gaseinschlüsse recht schaumiges Gestein. Wegen seines geringen spezifischen Gewichtes schwimmt es auf dem Wasser. Bei Vulkanausbrüchen wird es meist in etwa nussgroßen Körnern ausgeworfen. Nach diesen anfänglichen Eruptionen brach die Kruste über dem entleerten Wehrer Herd als große, ovale Senke (Caldera) ein. So entstand der in nordsüdlicher Richtung etwas gestreckte Wehrer Kessel, eine in der heutigen Landschaft immer noch erlebbare auffällige Struktur. Die Wehrer Bimsvulkane waren vor etwa 200 000–100 000 Jahren aktiv.

Schließlich entwickelte sich gegen Ende der letzten Kaltzeit vor ca. 13 000 Jahren relativ hoch in der regionalen Erdkruste noch einmal ein phonolithischer Vulkanherd, der offenbar unter besonders hohem Gasdruck stand. Nach anfänglich nur schwächeren Eruptionen öffnete sich dann plötzlich im Nordteil des heutigen Laacher Beckens ein Schlot, aus dem innerhalb kurzer Zeit tatsächlich mehrere Kubikkilometer Bims ausgeschleudert wurden.

*Ascheströme und Calderen
Das Laacher-See-Gebiet:*

Sie überschütteten das gesamte Neuwieder Becken und weite Teile im Umkreis mit einer etliche Meter mächtigen Vulkanitdecke. Neben den Bimsbrocken drangen aus dem Schlot auch glühende Wolken feiner Aschen auf und wälzten sich als vernichtende Feuerwalzen durch die benachbarten Täler: Im Brohltal häuften sie sich, bei der Abkühlung verfestigt, zu hellen Tuffmassen bis 60 m hoch über den ursprünglichen Talgrund an. Im Rheinland bezeichnet man diese Aschentuffe als Trass. Zeitweilig haben diese Ascheströme sogar das untere Mittelrheintal abgeriegelt und einen bis in das Hochrheingebiet reichenden, allerdings nur kurzlebigen See aufgestaut. Bereits die Römer haben dieses außerordentlich feinkörnige Vulkangestein für Bauzwecke abgebaut.

Wegen der raschen Entleerung des Laacher Herdes – die Eruption von Aschen und Bims dauerte insgesamt wohl nur wenige Tage – brach die dünne, überdeckende Erdkruste in einer 2×3 km weiten Caldera ein und bildete so den heutigen Laacher Kessel. Da bei der Eruption ein außerordentlich heißer Gasstrom viele Kilometer hoch bis in die Stratosphäre aufstieg, löste er – wie weltweit auch bei jüngeren Vulkanausbrüchen zu beobachten – heftige Gewitter mit ergiebigen Regengüssen aus. Somit gelangten größere Mengen von Niederschlagswasser in den noch offenen Schlot und kamen hier direkt mit dem noch sehr heißen Gestein in Kontakt, was wiederum zu außerordentlich heftigen Wasserdampfexplosionen führte. In den zuvor aufgeschichteten Lockermassen haben diese heftigen Eruptionsstöße dünenartige Strukturen hinterlassen, die man eindrucksvoll in der 40 m hohen Wingertsberg-Abbauwand bei Mendig (Geotop) sehen kann.

*Paarungsrad von **Schlankjungfern***

Mofetten *sind Ausgasungen von Kohlenstoffdioxid (CO_2) – im Wasser besonders gut erkennbar, wie am Ostufer des Laacher Sees.*

In der unmittelbaren Umgebung des Laacher Kessels hinterließen die jüngsten Eruptionen eine viele Meter mächtige Decke aus nebengesteinsreichem und deshalb grauem Laacher Bims. Er besteht hauptsächlich aus Fragmenten des devonischen Untergrundes und eignet sich deshalb weniger als Baustoff. Die voran gegangenen Förderprodukte des Laacher-See-Vulkans, der Weiße Bims, bilden dagegen seit dem ausgehenden 19. Jahrhundert einen wertvollen Rohstoff, aus dem vor allem Leichtbausteine gefertigt werden.

Landschaftlicher Glanzpunkt der Osteifel

Der Laacher See ist zweifellos eines der besonderen landschaftlichen und unbedingt erlebniswerten Highlights an der Südostecke der Eifel. Mit zwei weiteren Vulkanregionen der Eifel bildet der Vulkanpark Brohltal-Laacher See seit April 2005 den „Nationalen Geopark Vulkanland Eifel". Der Seekessel bietet mancherlei interessante naturkundliche Einblicke in die Landschaftsgeschichte: Vom Parkplatz an der berühmten Abtei Maria Laach geht man am Ufer des 3,33 km² großen Sees entlang in nördlicher Richtung bis zum Hotel Waldfrieden über dem nördlichen Caldera-Hang. Von hier sind es nur wenige Schritte zum Lydiaturm, der eine prächtige Sicht auf das Seebecken und die umliegende Landschaft bietet: Nach Norden geht der Blick über die breite linksrheinische Hauptterrasse bis zum tertiärzeitlichen Vulkanfeld des Siebengebirges. Gegenüber führt der Weg an Anrissen von Bimsablagerungen vorbei. Dann passiert man offen liegende Sand- und Siltsteine des unterdevonischen Mittelsiegen, hier überlagert von tertiärzeitlichen Quarzschottern. Etwa 1 km weiter quert der Weg den Basaltlavastrom Lorenzfelsen.

In direkter Nähe perlt im Wasser des Sees ufernah recht eindrucksvoll Kohlenstoffdioxid aus. Solche vulkanogenen Gasaustritte nennt man Mofetten. Bald erreicht man in der Südostecke des Beckens eine in den See ragende Halbinsel mit dem Schlackenkegel Alte Burg: Rote Basaltschlacken wechseln hier mit grauen Bänken zusammengeschweißter Lavafetzen ab. Der weitere Weg über dem flach einfallenden Südufer ist ehemaliger Seeboden: Da nach starken Niederschlägen die Krypta der Abteikirche regelmäßig unter Wasser stand, ließ Abt Fulbert 1152–1170 einen Abzugstollen durch die südliche Seeumwallung treiben, der den Seespiegel um 5 m absenkte. Im Jahre 1844 baute man unterhalb des mittelalterlichen Stollens einen weiteren Abzugskanal, der den Seespiegel auf sein heutiges Niveau bei 274,7 m absenkte.

Forschungslandschaft und Zeitmarke

Die feinen phonolithischen Aschen der imposanten Laacher Bimseruption wurden mit Luftströmungen über weite Teile Europas bis nach Südskandinavien sowie zum Westalpenbogen verbreitet und finden sich vielerorts als milli- bis zentimeterdicke Lagen in Hochmoor- oder Seenablagerungen. Daher ließ sich das genauere Alter der Eruptionen einerseits mit Hilfe der Pollenanalyse, aber auch über die in den einbettenden Pflanzenresten enthaltenen radioaktiven Kohlenstoffatome (14_C) erstaunlich genau bestimmen. Danach hat die Laacher Bimskatastrophe etwa 13 000 Jahre vor der Gegenwart (die

*Nur in seinem Südteil gibt der **Laacher See** einem breiten Röhrichtgürtel Raum. Sonst sind die Röhrichtbestände eher schütter.*

*Die nach ihrer charakteristischen Form im Gebiet des Laacher Sees als **Schöpflöffelkreuze** bezeichneten Kleindenkmäler sind meist aus poröser Basaltlava gefertigt.*

*Aschenströme und Calderen
Das Laacher-See-Gebiet:*

<

*Die hohen **Trasswände im Brohltal** sind ein beeindruckendes Dokument der glutflüssigen Ascheströme, die beim Ausbruch des Laacher-See-Vulkans vor ca. 13000 Jahren die benachbarten Täler ausgossen und sich anschließend als Ignimbrite verfestigten.*

∨

*Die **Fraukirch bei Thür** beherbergt eine überaus sehenswerte Darstellung der ergreifenden Genoveva-Legende – natürlich gefertigt aus regionalem Material.*

∨

Der Aufschluss „Die Ahl" bei St. Johann ist ein vom Steinbruchbetrieb freigelegter, heute geschützter basaltischer Materialstrom, der mit seinen klüftig abgesonderten Säulen beeindruckt.

>

*Im **Mayen-Ettringener Grubenfeld** ist in mehreren Aufschlüssen die grobsäulige Abscheidung der erkaltenden Basaltlava zu bewundern, die für die lokale Industrie enorm bedeutsam war.*

>∨

*Die über 40 m hohe **Wingertsbergwand** im südlichen Vorfeld des Laacher Sees bei Mendig ist eine der bedeutendsten Geotope der Region: Sie dokumentiert die nur wenige Tage andauernde Eruptionsgeschichte des Laacher-See-Vulkans vor rund 13 000 Jahren.*

genaueste Datierung geht von 12 900 Jahren vor heute aus) stattgefunden und mit ihren gewaltigen Materialschüttungen einen Zeithorizont aus der ausgehenden Späteiszeit überdeckt, den die Archäologen nach einem dänischen Fundplatz als Allerød bezeichnen. Die Überdeckung mit vulkanischem Lockermaterial schützte die vorvulkanische Erdoberfläche vor der Abtragung. Daher sind hier einzigartige Dokumente aus der Zeit unmittelbar vor dem Ausbruchgeschehen dokumentiert – beispielsweise Laufspuren von einem Birkhuhn und einem Bär bei Mertloch. Der späteiszeitliche Mensch war wohl nicht unmittelbar Zeuge des gewaltigen Ausbruchs. Vermutlich hatten die im Gebiet siedelnden magdalénienzeitlichen Jägergruppen die Region rechtzeitig verlassen, als sich die Katastrophe durch Erdbeben ankündigte. In nur einem Fall ist bislang direkt unter dem Laacher Bims ein menschliches Skelett gefunden worden. In einem erfolgreichen Regiokrimi lässt der Essener Vulkanologe Ulrich C. Schreiber den Laacher See-Kessel in der Jetztzeit übrigens noch einmal ausbrechen – ein nicht ganz auszuschließendes, aber nach derzeitiger Einschätzung, eher unwahrscheinliches Ereignis.

Furioses Finale?

Ob der rheinische Vulkanismus in der Osteifel mit der Eruption des Laacher See-Vulkans vor rund 13 000 Jahren seinen endgültigen Abschluss gefunden hat oder nur in ein ruhigeres Intermezzo eingetreten ist, lässt sich kaum bestimmen. Immerhin zeigt die Region mit häufigen Erdbeben nach wie vor eine erhebliche tektonische Unruhe, die letztlich den Vulkanismus auslöste. Subvulkanische Erscheinungen sind die zahlreichen Mineralquellen

und Gasaustritte (Mofetten). Viele der bekannten Mineral- und Thermalquellen befinden sich im Kern von Sattelstrukturen oder folgen Verwerfungslinien. Einige von ihnen waren bereits zur Römerzeit bekannt und wurden entsprechend genutzt – bezeichnenderweise umgeht die alte römische Reichsgrenze (= obergermanischer Limes) den gesamten mittelrheinischen Bezirk vulkanogener Mineralquellen östlich.

Hier irrte Goethe

Entstehung und Aufbau des Laacher Kessels und der umliegenden Berge hat schon vor über 200 Jahren das gebildete Europa außerordentlich lebhaft interessiert. Auch im berühmten Lehrstreit zwischen den Anhängern einer ausschließlich nichtvulkanischen („neptunistischen") Entstehung von Gesteinen im Wasser und den „Plutonisten", die in diesen Landschaftsformen tatsächlich erloschene Vulkane sahen, wurde über den Laacher See intensiv diskutiert. Das zeigen Goethes an den Kölner Kunstsammler Sulpiz Boisserée übermittelte Notizen vom 2. August 1815: „...ich kann nicht aus meinem Neptunismus heraus. Das ist mir am auffallendsten gewesen am Laacher See und zu Mennig [Mendig]... Da ist mir nun alles so allmählich erschienen, das Loch mit seinen gelinden Hügeln und Buchenhainen; und warum sollte denn das Wasser nicht auch löcherige Steine machen können, wie die Bimssteine und die Menniger Steine?" Hier lag Goethe mit seiner Einschätzung kräftig daneben – und sogar nachhaltig, wie die moderne geologische Erforschung nun eindeutig klarstellte.

>
Blick vom Lydiaturm nach Norden

v

Reicher **Flechtenbewuchs** zeigt hervorragende Luftqualität an.

Ascheströme und Calderen
Das Laacher-See-Gebiet:

Von den höchsten Kuppen zu den Eifelmaaren

Eindrücke aus der Vulkaneifel

 Jeder Vulkanberg ist ein einzigartiges Denkmal, das verschwindet, wenn wir die Steine verkaufen – unwiderruflich.

Jacques Berndorf

*Von den höchsten Kuppen zu den Eifelmaaren
Eindrücke aus der Vulkaneifel*

Leopold von Buch (1774–1853), im 19. Jahrhundert einer der bedeutendsten Geologen, notierte 1820 in einem Brief „Die Eyffel hat Ihresgleichen in der Welt nicht". Sein Adressat, der Trierer Gymnasiallehrer Johann Steininger (1794–1874), betrieb seinerseits unermüdlich Forschungen zur Eifeler Erdgeschichte und war viele Jahrzehnte damit befasst, die komplexe Eifelgeologie zu einem harmonischen Ganzen zu ordnen. In diesem Naturraum sind tatsächlich alle Epochen der Erdgeschichte vom Kambrium bis zum Quartär vertreten – mithin ein Zeitraum von etwas mehr als einer halben Milliarde Jahre Erdgeschichte.

Die Nürburg (678 m) ist eine rund 33 Mio. Jahre alte Basaltkuppe. Die Burg stammt aus dem 12. Jahrhundert.

Unterhalb von Burg Pyrmont stürzt der Elzbach über eine Steilstufe aus unterdevonischen Schichten (Unterems-Stufe).

Zum gleichen sandig-schiefrigen Schichtverband gehört auch der Felssporn mit der malerischen, über 850 Jahre alten Burg Eltz, die aus dem anstehenden Devongestein erbaut wurde.

Uralte Unterlager

Gesteine vom Kambrium, Ordovicium und Silur bilden das tiefere Unterlager des Rheinischen Schiefergebirges. Nur in der Nordwesteifel sind sie so geartet und stellen hier die ältesten in Nordrhein-Westfalen überhaupt. Ungleich landschaftswirksamer sind in der Eifel die paläozoischen Gesteinsfolgen aus dem Devon, dessen Beginn man vor etwa 417 Mio. Jahren

*Die **Burgruine Dollendorf** hat man aus den hellen mitteldevonischen Dolomiten der Dollendorfer Kalkmulde errichtet.*

*Die **Lieser** hat sich in ihrem Unterlauf eine breite Talaue geschaffen.*

***Kreuzwegstation bei Dollendorf**: Das Werkmaterial von Wegkreuzen bzw. Kreuzwegstationen spiegelt meist die regionale Geologie.*

ansetzt. Nur die Unterdevon-Schichten umfassen eine ca. 10 000 m mächtige Wechselfolge von Bänder- und Tonschiefern sowie Sandsteinen – abgesetzt entweder als küstennahe Wattablagerung oder in tieferen Beckenräumen eines ausgedehnten Meeres.

Die schon früh zu Gestein verfestigten Sedimente würden im Idealfall übereinander lagern, wie die Seiten eines liegenden Buches. Tatsächlich erinnern sie aber häufig an gekippte Bücher, denn vor etwa 340 Mio. Jahren kam es im Karbon zur Gebirgsbildung. Gewaltige Kräfte falteten damals die horizontal abgelagerten Schichten zum Gebirge.

Als bemerkenswerte Großstruktur zeigt die Eifeler Geo-Karte ein etwa 30 km breites Band zwischen der Niederrheinischen (Zülpich) und der Trierer Bucht (Bitburg): Es ist gleichsam eine Großmulde mit mittel- bzw. oberdevonischen Mergeln und Riffkalken. In diesem Streifen reihen sich die berühmten Kalkmulden, benannt nach den darin gelegenen Ortschaften: Von Norden nach Süden sind es Sötenicher, Blankenheimer, Rohrer, Dollendorfer, Hillesheimer (Ahrdorfer), Prümer, Gerolsteiner und Salmerwald-Mulde.

Aus Feuer und Wasser

So faszinierend sich die Schichtglieder des Eifeler Grundgebirges auch darstellen – so ungleich spektakulärer sind die zahlreichen vulkanischen Zeugnisse der Region. Schon in der Kreidezeit gab es erste Ansätze: Neuerburger Kopf (286 m) und Lüxemberg in der Wittlicher Senke sind rund 108 Mio. Jahre alt und gehören damit noch in die Untere Kreide. Anfangs eher episodisch, änderte sich das Szenario gewaltig im Tertiär. Vor etwa 45–35 Mio. Jahren (Oligozän) begannen kräftige Hebungen und damit Vertikalversetzungen mit Millimeterbeträgen pro Jahr – eine offenbar recht bewegte Phase. Damit setzte starker Vulkanismus ein und überprägte die paläo- sowie mesozoischen Grundgebirgsreste mit einem neuen Gebirgsstockwerk. Aus dem oberen Erdmantel stiegen aus etwa 100 km Tiefe Gesteinsschmelzen auf und förderten zunächst nur in der Hocheifel an etwa 300 Ausbruchspunkten überwiegend Basalte. Die markanten Vulkanberge des Hohe-Acht-Berglandes mit der Hohen Acht (747 m), der höchsten Eifelerhebung, entstanden aber so erst viel später, nachdem die Verwitterung die älteren Deckschichten weggeräumt hatte. In diese Zeitstellung gehören auch Nürburg, Hochkelberg, Höchstberg sowie der recht auffällige Aremberg hoch über dem Ahrtal. Das Herkunftsgebiet der Magmen besteht übrigens immer noch: Das „Eifel-Plume-Forschungsprojekt" hat hier im Erdmantel ein etwa 100 km breites recht heißes Gebiet nachweisen können.

∨

*Einzigartiges Naturdenkmal **Nohner Wasserfall:** In einem Seitental der Ahr unterhalb der Ruine Dreimühlen haben Wassermoose seit 1912 (Bachumleitung wegen Eisenbahnbau) durch Kalkfällung eine mehrere Meter breite und hohe Mauer aus Kalktuff aufgebaut.*

∨

*Kuppen, Rücken, Taleinschnitte – das **Hohe- Acht-Bergland** zeigt markante Profile.*

Das Westeifeler Vulkanfeld

Im Quartär entstand in der Westeifel neben Hocheifel, linksrheinischem Siebengebirge und Osteifel noch ein viertes dicht mit Ausbruchspunkten besetztes Vulkanfeld – mit seinen vielen Maaren fraglos eines der landschaftlich schönsten Teilgebiete. Gegen die östlich anschließende vulkanische Hocheifel strahlt es weit aus und rückt bis auf 10 km Entfernung an das gleichaltrige Vulkangebiet Osteifel heran - das erst unlängst entdeckte Döttinger Maar liegt etwa 3 km östlich der Nürburg. An seinem Westrand befinden sich der Schlackenkegel Niveligsberg, wenig weiter der Tuffschlot von Herresbach. Diese Dreiergruppe markiert – obwohl im Kernbereich des tertiärzeitlichen Hocheifel-Vulkanfeldes gelegen – die weit vorgeschobenen nordöstlichsten Ausbruchpunkte des quartärzeitlichen Westeifel-Vulkanfeldes. Das bisher höchste radiometrisch bestimmte Alter eines Westeifeler Basaltvulkans weist der Beuel bei Zilsdorf mit rund 970 000 Jahren auf.

*Von den höchsten Kuppen zu den Eifelmaaren
Eindrücke aus der Vulkaneifel*

Schon seit Jahrhunderten bezeichnet man im Rheinland kleine Gewässer oder feuchte Stellen als Maare. Sebastian Münster verwendet in seiner berühmten Cosmographia 1544 die Bezeichnung „marh" für den Laacher See und das Ulmener Maar. Johann Steininger erläuterte in seinem Werk „Die erloschenen Vulkane in der Eifel und am Niederrhein" 1820 erstmals ihre Vulkanologie. Alexander von Humboldt informierte im vierten Band seines 1858 erschienenen „Kosmos" sogar die gesamte gebildete Welt über diesen besonderen Vulkantyp. Nach wie vor ist seine Kurzbeschreibung gültig: Maare sind eben „kesselförmige Einsenkungen in nicht vulkanisches Gestein und von wenig erhabenen Rändern umgeben, die sie selbst gebildet". Sobald kaltes Oberflächenwasser mit glühendem Gesteinsbrei von über 1000 °C in Kontakt kommt, entsteht augenblicklich stark überspannter Wasserdampf, dessen gewaltiger Druck sich explosiv und heftig entlädt. Er zerreißt das einsperrende Gestein und presst es wuchtig nach oben. So entsteht der Schlot, durch den der Wasserdampf heißes Gesteinsmaterial ausschleudert.

*Mit 750 x 450 m Abmessung und einer maximalen Höhendifferenz von 221 m ist der Auswurf- und Einbruchkessel des **Meerfelder Maares** der zweitgrößte der Eifel.*

*Der zum Mosenberg-System gehörende **Windsborn** ist der einzige echte Kratersee der Eifel – Boden und Wände bestehen rundum aus Vulkangestein.*

Ob sich der Schlot nur zur einfachen Durchschlagröhre (Diatrem) entwickelt oder sich zum Maarkessel erweitert, hängt davon ab, welche Wassermengen mit dem Magma reagieren und in welcher Tiefe der verhängnisvolle Kontakt stattfindet. Läuft eine größere Wassermenge aus kleineren Bächen oder nach Gewitterfluten von oben zu, finden die Wasserdampfexplosionen in nur 30–100 m Tiefe statt. Dann entstehen Aussprengtrichter von höchstens einigen hundert Metern Durchmesser und schütten die zerborstenen, ausgesprengten Gesteinsfragmente zum Wall auf. Zu diesem Maartyp gehören unter anderem Gemündener Maar, Weinfelder Maar, Pulvermaar, Holzmaar, Dürres Maar und auch das Kleinste der Eifelmaare, die Hitsche bei Gillenfeld, eine kleine Wiesensenke von nur 60 m Durchmesser. Sollte dagegen ein wasserreicher Bach in den Schlot gelangen, versickert das Wasser tiefer – und die Explosionen werden ungleich heftiger. Da sie nun in 300–500 m Tiefe geschehen, können sie nach oben keinen Trichter bilden. Stattdessen zertrümmern sie das Gestein bereits in der Explosionskammer, pressen es durch Spalten oder enge Schlote aus und schleudern es kilometerweit strahlenförmig in die Maarumgebung. Danach stürzen größere Schollen in die entleerte Explosionskammer ein. Eindrucksvollstes Beispiel dieses Maartyps ist der Meerfelder Kessel. Auch der Dreiser Weiher (1350×1200 m) und das westliche Schalkenmehrener Maar (1300×1000 m) gehören zu diesem Maartyp.

Wasser im Kessel

Sofern die ausgesprengten Maarkessel abflusslos blieben, bildeten sich darin schon wenig später Stillgewässer. Das anfangs noch unbelebte, weil in wahrhaft höllischen Szenarien entstandene Maar, entwickelte sich zum quicklebendigen Maarsee. Fallweise vergingen diese Maarseen aber auch wieder. In das Maarbecken eingeschwemmte Partikeln füllten den Gewässergrund allmählich auf – die Ufer wurden seichter und von Röhrichten erobert. Mit der Zeit schoben sich die ufernahen Pflanzengürtel zur Seemitte vor. Schließlich verlandete das Maar – so beim östlichen Schalkenmehrener Maar oder bei den Booser Maaren: Hier verblieb keine offene Wasserfläche mehr. Beim Holzmaar oder in Teilen des Meerfelder Maares läuft dieser Prozess gegenwärtig ab.

Der weitaus größte Teil der über 50 unterdessen (an)erkannten Eifelmaare sind Trockenmaare. Einen (geo)touristisch ungleich höheren Erlebniswert weisen natürlich die wassergefüllten Maarkessel auf. Klassiker des Besucherinteresses sind die Dauner Maargruppe (Weinfelder Maar/Totenmaar, Schalkenmehrener Maar, Gemündener Maar), ferner Pulvermaar, Ulmener Maar, Immerather Maar, Holzmaar und Meerfelder Maar.

*Das **Weinfelder Maar** in der Dauner Maargruppe ist benannt nach dem in der Pestzeit aufgelassenen Dorf Weinfeld. Davon ist nur noch die alte Dorfkirche geblieben (Bildmitte). Nur in relativ strengen Wintern, die in letzter Zeit auch in der Eifel eher selten waren, überzieht sich das Maar mit einer Eisdecke.*

*Winterlicher Sonnenaufgang über dem **Schalkenmehrener Maar**: Die etwas mystisch anmutende Atmosphäre, die der Sonne noch keine rechte Chance gibt, lässt vorerst nicht erkennen, dass sich beim Dorf Schalkenmehren tatsächlich drei verschiedene Maare überlagern.*

Tiefe Täler, steile Klippen

Aufregende Südeifel

Es gibt in Mitteleuropa kaum eine Landschaft, in der die verschiedenartigen Vorgänge der Erdgeschichte noch so deutlich dokumentiert sind wie in der Eifel.

Wilhelm Meyer

Tiefe Täler, steile Klippen
Aufregende Südeifel

Die Eifel zeigt viele besonders schöne Seiten. Jede ihrer von Talzügen, Relief und wechselnden Gesteinsszenarien vorgegebenen Teillandschaften bietet ein perfektes Bühnenbild für grandiose Naturerfahrungen. Dies gilt auch und vielleicht sogar besonders für die südwestliche Eifel.

Nach der klassischen naturräumlichen Gliederung schließt sie Teile der Kyllburger Waldeifel ein und reicht an das Verbreitungsgebiet der großen mitteldevonischen Kalkmulden nördlich von Prüm heran. Zudem besteht eine zwar nur geringe, aber (etwa mit dem rund 650 m hohen Nerother Kopf) dennoch bemerkenswerte Überlappung mit der westlichen Vulkaneifel. Auch gehören zwei besondere Beckenlandschaften dazu – die etwas gestreckte Wittlicher Rotliegend-Senke (mit den beiden jurazeitlichen Vulkanen Neuerburger Kopf und Lüxemberg) und das ungleich geräumigere Bitburger Becken.

Dieser Teil der Eifel lässt sich ebenso mit den Talverläufen der hier entwässernden, von Norden nach Süden abfließenden großen Bäche kennzeichnen: Die Sauer mit ihrem Zufluss Prüm, ferner Salm, Kyll und Lieser entspringen alle irgendwo am Südrand der Schneifel und münden letztlich in die Mosel.

Die eindrucksvolle, rund 300 m lange **Teufelsschlucht bei Ernzen** *entstand bereits während der letzten Eiszeit durch Frostsprengung und Hangrutschung.*

Liesertal oberhalb der Pleiner Mühle: *Die großen Bäche der Südeifel haben geräumige und bemerkenswert eingetiefte Kerb- bzw. Kastentäler geschaffen.*

Die besondere Klimagunst im **Wittlicher Tal** *ermöglicht für die Region Sonderkulturen: Obwohl gesundheitspolitisch verfemt, ist die Tabakpflanze eine attraktive Art. Im Hintergrund erkennt man den Neuerburger Kopf, einen Vulkanberg aus der Kreidezeit.*

Besondere landschaftliche Erlebnisqualität

Schon im Jahre 1958 hat man diese Region als ersten Naturpark in Rheinland-Pfalz und als dritten in der Bundesrepublik ausgewiesen: Der Naturpark Südeifel wurde von anfänglich 110 km² im Gründungsjahr später auf seine heutige Fläche von 432 km² erweitert und im Jahre 1964 mit dem nordluxemburgischen Ardennengebiet zum insgesamt 785 km² großen Deutsch-Luxemburgischen Naturpark zusammengeschlossen, dem ersten grenzübergreifenden Naturpark Europas. Das windungsreiche Tal der Our, das sich bei Wallendorf in das landschaftlich reizvolle Sauertal fortsetzt, durchzieht den Naturpark auf seiner ganzen Länge und teilt ihn in zwei ungefähr flächengleiche Hälften auf. Von Ouren bis in den Südwestzipfel bei Echternach bildet er gleichzeitig die Staatsgrenze zwischen Luxemburg und Deutschland.

Der Nordteil des Naturparks umfasst das als Islek bezeichnete Teilgebiet, das sich auf der luxemburgischen Seite mit dem Ösling fortsetzt. Hier bilden die über 400 Mio. Jahre alten Sandsteine, Quarzite oder Tonschiefer des Unterdevons das heutige Fundament der Landschaft. Im Steinbruch Köppen bei Waxweiler haben Hobbyforscher in den hier aufgeschlossenen Klerf-Schichten mit sensationellen

Funden nachgewiesen, dass der Fossilbericht im Abbauprofil nicht nur einzelne Gattungen oder Arten bereithält, sondern auch eine einzigartig komplette Folge von Lebensgemeinschaften zwischen unterdevonischem Meer und frühem Festland. In Waxweiler selbst besteht mit dem Devonium eines der landesweit ungewöhnlichsten Erlebnismuseen zu dieser Thematik.

Tiefe Täler, steile Klippen
Aufregende Südeifel

Holsthumer Hopfen und Wittlicher Tabak

Im Vergleich zum Islek weist das Bitburger Gutland ein deutlich milderes Klima auf. Außerdem fallen hier die Niederschlagsmengen geringer aus, da sich die Regenschattenwirkung der nordwestlich gelegenen Höhengebiete bemerkbar macht. Die Klimagunst ermöglicht eine intensive Landwirtschaft und ist heute im Wesentlichen von ausgedehnten Acker- oder Grünlandflächen geprägt, aber auch von hervorhebenswerten Sonderkulturen: Schon seit 1560 baut man in der Eifel Hopfen an, aber erst nach dem Zweiten Weltkrieg erlebte er buchstäblich eine neue Blüte, als Sudetendeutsche bei Holsthum den Anbau erneut aufnahmen. Inzwischen umfasst die Anbaufläche rund 20 ha. Das milde Klima im windgeschützten Prümtal und dessen tiefgründiger, sandiger Boden

*Streuobstwiesen (hier bei **Holsthum**) sind für die Artenvielfalt kaum zu ersetzende Biotope der Kulturlandschaft. Die Klimagunst erlaubt hier sogar den Anbau des klimatisch anspruchsvollen Hopfens.*

>

*Beim Naturschutzgebiet **Irreler Wasserfälle** zwingen die vermutlich schon während der letzten Eiszeit abgestürzten Sandsteinblöcke die Prüm zu verwegenen Abflussmanövern.*

∨

*Der Schatten liebende **Wald-Sauerklee** ist eine kleine, aber hochinteressante Pflanze: Wenn man seine Blätter etwas heftig berührt, klappen sie zusammen wie bei der bekannten Mimose.*

∨

*Klein, aber ziemlich giftig: **Helmlinge** sind zwar hübsch anzusehen, aber keineswegs für den Konsum zu empfehlen.*

∨∨

*Bei den **Stockenten** übernimmt nur das Weibchen die Führung der zahlreichen Jungen.*

bieten dafür geradezu ideale Bedingungen. Hopfen ist übrigens eine an Bachauen heimische zweihäusige Liane, die ausnahmsweise rechts (im Uhrzeigersinn) windet. Angebaut werden nur weibliche Pflanzen ausgesuchter Hochleistungssorten. Deren Blütenstände sind nach botanischen Kriterien Trauben, aber Hopfenbauern und Brauer bezeichnen sie gleichermaßen als Dolden.

Seit etwa 1800 baut man im ebenfalls klimabegünstigten Wittlicher Liesertal Tabak an, vorzugsweise den Virginia-Tabak (Nicotiana tabacum), der so erst unter der Hand des Menschen aus zwei Wildarten entstand. Zwei Betriebe kultivieren das heute leicht geächtete Giftkraut auf etwa 90 ha an – überwiegend für orientalische Märkte zum Konsum per Wasserpfeife. Für die Region ist der Tabakanbau zweifellos ein bemerkenswertes Kulturgut – unter anderem auch ablesbar an den noch vorhandenen Trockenspeichern für die geernteten Tabakblätter.

250 Millionen Jahre Erdgeschichte im Überblick

Der größte Teil des Eifeler Grundgebirges besteht aus den verfalteten Schichtgesteinen des Unterdevons (Beginn vor 417 Mio. Jahren). In der Südwesteifel findet sich jedoch als Deckgebirge der keilförmige Nordausläufer eines bis weit nach Lothringen reichenden Gesteinskomplexes des Erdmittelalters (Mesozoikum) – die Hinterlassenschaft einer längeren Meeresüberflutung. Aus einer anderen Richtung vordringend, erfasste sie auch Teile der heutigen Nordeifel. Das devonische Grundgebirge war zu diesem Zeitpunkt schon wieder weitgehend eingeebnet.

Im Kern umfassen diese überwiegend marin abgelagerten Schichtfolgen vor allem Sedimente aus Keuper und Unterem Jura (Lias), während sich der Muschelkalk und der überwiegend terrestrisch entstandene Buntsandstein eher randlich in breiten Platten angegliedert haben. Am Ende der Jurazeit (vor etwa 155 Mio. Jahren) lag das Gebiet der Eifel nur wenige Grad nördlich des Äquators und stellte sich klimatisch natürlich ganz anders dar.

Die heute eher liebliche Landschaft des auch Trierer Bucht genannten mesozoischen Gesteinsdreiecks unterstellt einen relativ überschaubaren Gebirgsaufbau, aber die tatsächlichen Verhältnisse sind äußerst komplex: Die geologische Karte der Südwesteifel sieht daher aus wie ein bunter Flickenteppich.

Tiefe Täler, steile Klippen
Aufregende Südeifel

Imposante Felsbastionen

Ein buchstäblich herausragendes Element sind die Felsbastionen, die an den Talwänden von Sauer und Prüm mit dem Ferschweiler Plateau und jenseits der Sauer mit der (vor allem im Mullerthal) gleichermaßen eindrucksvollen Echternacher Schweiz bemerkenswert markante Kliffe bis 80 m Höhe erleben lassen. Sie bestehen aus den meist hellen unterjurassischen Lias-Sandsteinen. Außer dem Ferschweiler Plateau haben die Nebentäler der Sauer auch noch die Hochfläche westlich von Bollendorf, ferner das Wolsfelderberg-Plateau und den Hartberg nördlich von Schanksweiler isoliert. Der größte Teil des hier anstehenden, wohl aus der Erosion des älteren Buntsandsteins der Umgebung stammenden Materials, gehört innerhalb des Unteren Jura dem schichtmächtigen Oberen Hettangien an.

Weil die unteren Partien des Lias und des unterlagernden Keupers tonig entwickelt sind, ereigneten sich an den Rändern vor allem des Plateaus eindrucksvolle Rutschungen: Unterstützt von der glazialen Spaltenfrostwirkung entstanden so die markante Teufelsschlucht und die Irreler Wasserfälle (Naturschutzgebiet) im Prümtal, die durch ein in der letzten Eiszeit geschuldetes ausgedehntes Blocksturzgebiet entstanden sind und den großen Bach zu allerhand Kaskaden zwingen – eindrucksvoll zu erleben von einer Fußgängerbrücke, über die ein Wanderweg auf das Plateau führt. Die geradezu zyklopisch verteilten Felsen sind der Lebensraum einer in Deutschland extrem seltenen Süßwasser-Rotalge (Lemanea annulata). Die zahlreichen Klüfte und Spalten im anstehenden Lias-Sandstein lohnen fallweise einer genaueren Inspektion: Sie beherbergen nämlich den deutschlandweit einzigen Wuchsplatz einer kleinen Farnpflanze, die man auf den ersten Blick für ein etwas üppigeres Moos halten könnte: Die spektakuläre Art trägt den gänzlich unspektakulären Namen Hautfarn (Hymenophyllum tunbridgense).

>
*Der in der Region so benannte **Bärenstein** auf dem Ferschweiler Plateau wird volkstümlich auch gerne als keltischer Opferaltar gedeutet. Sicher ist indessen nur, dass die beiden Steinblöcke von Menschenhand so aufgeschichtet wurden.*

v
*Die randliche Erosion des Ferschweiler Plateaus hat einen ungemein faszinierenden Formenschatz hinterlassen – so auch im Fall der „**Schweineställe**" am Rande des Sauertals.*

vv
*Die aus dem anstehenden Lias-Sandstein gestalteten **Kiesgräber bei Bollendorf** gehören zu einem gallo-römischen Begräbnisplatz mit verschiedenen Formen der Brandbestattung.*

Komplexe Kulturgeschichte

Höhlen, Klüfte, Schluchten und Spalten bestimmen gerade zwischen Prüm und Sauer das Bild. Weil besonders das Ferschweiler Plateau gleichsam eine natürliche Festung bildet, verwundert es auch nicht, dass sich hier zahlreiche Besiedlungsspuren von der Steinzeit bis zur Gegenwart finden. Diese landschaftlichen Kostbarkeiten erschließt ein eigens eingerichteter Kulturwanderweg. Ein besonderes und geradezu einzigartig hervorhebenswertes Beispiel aus dieser Phase unserer Kulturgeschichte ist das eigenartige Fraubillenkreuz auf dem Bollendorfer Teil des Lias-Blocks. Ursprünglich war es wohl ein vermutlich vor etwa 5000 Jahren aus der Nähe durch mühsamen Transport herbeigeschaffter Menhir (Langstein) – wie man die im keltischen Kulturkreis üblichen Steinsetzungen an landschaftlich hervorgehobenen Positionen nennt. Die fromme Legende berichtet, dass der in der Region als Missionar wirkende irische Mönch Willibrord (658-730) den rund 4 m hohen Menhir eigenhändig zu einem heute etwas schief stehenden Kreuz sozusagen christianisiert haben soll.

>

Sicher ein besonders magischer Ort – das rund 5000 Jahre alte und erst vor rund 1000 Jahren christianisierte **Fraubillenkreuz**.

⌵

Die **Stinkmorchel** *ist ein interessanter, aber extrem anrüchiger Vertreter der Schlauchpilze.*

⌵⌵

Morgenstimmung bei **Baasem**

Tiefe Täler, steile Klippen
Aufregende Südeifel

<

Fichten sind eine verhältnismäßig junge Zutat zur Wald-Kulturlandschaft der Eifel: Sie wurden erst nach 1816 (Übernahme der Regionalverwaltung durch die Preußen) eingeführt.

∨

Die **Wacholderdrossel** war ursprünglich eine Art der Taiga. Erst im 19. Jahrhundert hat sie ihr Areal nach Mitteleuropa ausgeweitet. Sie ernährt sich überwiegend von Wildfrüchten.

∨∨

Die **Steinfrüchte des Gewöhnlichen Schneeballs** sind typische Wintersteher – sie werden überwiegend erst im nachfolgenden Frühjahr von den zurückkehrenden Zugvögeln verzehrt.

Wacholderheiden und Orchideenwiesen
Szenen aus der Kalkeifel

Wacholderheiden...

*Der Name der **Küchenschelle** leitet sich ab von Kühchen-Schelle.*

Wacholder *kommt nur bei Beweidung zur Flächendominanz.*

Kein mitteleuropäisches Waldgebirge besitzt in raschem Wechsel einen solchen Reichtum an Pflanzengesellschaften und -arten.

Matthias Schwickerath

In weiten Teilen bedeckt Wald die Höhen und Hochflächen der Eifel. Oder sollte man besser von Forsten sprechen? Tatsächlich entspricht die heutige Baumartenzusammensetzung der Eifelwälder nicht unbedingt den natürlichen Verhältnissen. Rein forststatistisch gehört die Eifel zwar zu den waldreichsten Gebieten in Deutschland, jedoch: Im aktuell erlebbaren Landschaftsbild dominieren vielfach Reinbestände von Fichte, Wald-Kiefer oder sogar fremdländischen Gehölzen. Der wochenends aus grauen Großstädten in die Eifel enteilende Besucher wird das vermutlich nicht unbedingt als Problem empfinden, aber es ist wirklich eines. Das erlebbare Gehölzbild ist tatsächlich nur dadurch erklärbar, dass die ursprünglichen Eifelwälder zu Beginn des 19. Jahrhunderts durch rigorose Übernutzung total ruiniert waren und nur großflächige Aufforstungen mit wenig anspruchsvollen Gehölzarten, wie der Fichte, wieder einen nennenswerten Nutzholzertrag in Aussicht stellen konnten.

Wacholderheiden und Orchideenwiesen
Szenen aus der Kalkeifel

Ein wirklich heimisches Nadelholz

Zu den wenigen Nadelholzarten, die auch in der Eifel als bodenständig gelten können, gehört der Wacholder, der einzige heimische Vertreter der artenreichen Pflanzenfamilie Zypressengewächse und für die Eifellandschaft besonders kennzeichnend. Charakteristischerweise ziert er daher das Emblem des traditionsreichen Eifelvereins. Der Wacholder ist übrigens eine interessante und bemerkenswert zuverlässige Zeigerart. Man kann anhand seiner Vorkommen geologische Kartierungen durchführen: Auf den mitteldevonischen Standorten der Eifeler Kalkmulden wird er selten über 1 m hoch. Auf den sauer verwitternden Böden über dem Unterdevon überrascht er dagegen mit Wuchshöhen über 5 m. Im heutigen Bewuchsbild der Eifel ist dieses interessante Nadelholz eher selten. Zwischen Daun und Manderscheid oder mehrfach auch in der Umrandung des Hohe-Acht-Berglandes blieben durch gezielte naturschutzfachlich begleitete Pflegemaßnahmen eindrucksvolle Wacholderbestände als wirtschaftsgeschichtlich bemerkenswerte Zeugnisse erhalten.

Auch der Besenginster ist ein äußerst typisches Eifelgehölz. Bis weit in das 20. Jahrhundert war auf den ertragsarmen Böden der Eifeler Hochlagen die Schafhaltung einer der wichtigsten Erwerbszweige. Vielköpfige Schafherden zogen über die Hänge und verhinderten durch ständigen Verbiss die Ansiedlung von Strauch- oder Baumgehölzen. Den Besenginster mit seinen zählederigen Rutenästen verschmähten selbst die hungrigsten Weidetiere und verhalfen ihm so zu ungeahnten Verbreitungserfolgen. Dieser Ginster lebt an vielen Stellen bis heute fort und ist bei den Eifelfreunden unter der Bezeichnung „Eifelgold" bekannt. Für dessen Farbspektakel sind zeitgenössische Landschaftsbeschreibungen ein ebenso authentisches Zeugnis wie zahlreiche Arbeiten aus der Düsseldorfer Malschule, wofür das Werk Fritz von Willes stellvertretend zitiert sei.

Wacholder"beeren" sind fleischig gewordene Zapfen.

*Der **Besenginster** kommt in der Eifel nur auf sauer verwitternden Böden vor. In der Kalkeifel fehlt er daher.*

Schmucke Herbstblüher der Wacholderheiden: **Herbst-Zeitlose** (l. o.), **Gefranster Enzian** (r.o.), **Deutscher Enzian** (l.u.) und **Sumpf-Herzblatt** (r.u.)

Wacholder ist weitgehend verbissfest und hielt damit dem Beweidungsdruck durch die wandernden Herden zuverlässig stand. Wo die Schafherden nachhaltig die Verbuschung verhinderten, konnte sich der lichthungrige Wacholder erfolgreich ausbreiten und prächtige Wacholderheiden aufbauen.

Wacholderheiden und Orchideenwiesen
Szenen aus der Kalkeifel

... und Eifeler Orchideenwiesen

*Kleiner Eifeler Orchideen-Reigen: Von links oben nach rechts oben sind zu sehen **Hummel-Ragwurz, Breitblättrige Stendelwurz, Schwertblättriges Waldvöglein, Purpur-Knabenkraut, Frauenschuh, Bocks-Riemenzunge** und **Pyramiden-Spitzorchis**.*

Beim Stichwort Orchideen geraten sämtliche – und nicht nur die Eifeler – Naturfreunde fast augenblicklich in Verzückung – und die Mehrheit gerade dann, wenn es um die heimischen Arten geht. Von diesen ungefähr 70 Arten treten die weitaus meisten dieser unzweifelhaften Mannequins unter den Blütenpflanzen tatsächlich auf Graslandstandorten auf – in feuchten und trockeneren (extensiv bewirtschafteten) Wiesen ebenso wie insbesondere auf Halbtrockenrasen oder anderen gelegentlich als Weidegründe genutzten Sonderflächen. Mehrheitlich sind sie damit tatsächlich typische Kulturfolger: Sie kommen also nur in den vom Menschen veränderten kulturlandschaftlichen Lebensräumen vor und haben dort auch nur Bestand, solange die traditionelle Bewirtschaftung fortbesteht – was für den gezielten Artenschutz enorm wichtig ist. Nur wenige heimische Orchideen sind tatsächlich von Natur aus Waldarten, darunter die auch in der Eifel vorkommende Korallenwurz und die deutlich häufigere Nestwurz. Beide Arten gelten als Parasiten. Sie besitzen so gut wie kein Blattgrün und sind ernährungstechnisch auf Zulieferungen durch komplizierte stoffliche Schiebereien im Untergrund von ihren Partnerpflanzen angewiesen.

Schwer erklärbare Vorlieben

Warum gerade die (heimischen) Orchideen bei den Pflanzenliebhabern eine so außergewöhnliche Vorzugsstellung genießen, ist schwer zu erklären: Vielleicht ist es vor allem ihre zugegebenermaßen oft recht bizarre und durch mancherlei Sonderbildungen gekennzeichnete Blütenform. Aber das könnte man für andere Verwandtschaftsgruppen unter den Blütenpflanzen ebenfalls diskutieren. Die geradezu schwärmerische Begeisterung vieler Pflanzenfreunde für die heimischen wie außereuropäischen Orchideen bleibt letzlich schwer erklärbar. Es ist fast so wie bei den meisten Weltanschauungen: Ein gewisser Nimbus gehört eben auch dazu.

Ein paar blütenbiologische Besonderheiten kommen sicherlich hinzu: Die weitaus meisten Orchideen übertragen keine einzelnen Pollenkörner, sondern komplette Pollenmassen (= Pollinien). Berührt ein angeflogenes Bestäuberinsekt deren Basis, werden ihm die beiden

Pollinien komplett auf den Kopf geklebt. Ein solchermaßen präpariertes Bestäuberinsekt presst nun beim nächsten Blütenbesuch die mitgebrachte Pollenmasse fast automatisch in die Narbe und vollzieht so letztlich die erwünschte Bestäubung.

Und ewig lockt das Weib

Reizende Rundungen an den richtigen Stellen, dazu das passende farbliche Outfit und eingehüllt in eine Wolke duftender Verheißungen – ein solches Profil verfehlt seine Wirkung auf den männlichen Teil der Population sicherlich nicht. Was das Zwischenmenschliche in unserer eigenen Kultur so zuverlässig beflügelt, ist keineswegs (nur) das Ergebnis der Human-evolution.
Eine vergleichbar anregender Flirt kommt auch in der übrigen Natur vor. Sie arbeitet auch hier mit einem bewährten Stilmittel der Übertreibung, nämlich einer attraktiven und offenbar unwiderstehlichen Attrappe.
Unter den wilden Eifel-Orchideen gibt es auch Arten, deren Blüten wie die hübsch proportionierten Weibchen bestimmter Wildbienen aussehen. Fliegen- und Hummel-Ragwurz sind solche hinreißenden Hingucker, für die sich die Männchen bestimmter Bienenarten zuverlässig begeistern. Optisch und geruchlich total betört, halten sie die schmucken Orchideenblüten tatsächlich für Paarungspartnerinnen. Dabei passt aber auch wirklich alles: Größe, Umriss und Behaarung sind bereits überaus erstaunliche Anpassungen im Erscheinungsbild der Ragwurz-Blüten, aber noch faszinierender ist, dass sie zusätzlich aphrodisierende Düfte verströmen, die den arttypischen Sexuallockstoffen der angelockten Wildbienen raffiniert nachempfunden sind. Die angelockten Bienenmännchen sind dadurch solchermaßen beglückt, dass sie auf der Blüte sogar heftige Paarungsversuche unternehmen. Die Ragwurz-Blüte nimmt die Zudringlichkeiten indessen reichlich gelassen hin und klebt ihrem Besucher bei der hitzigen Aktion lediglich ihre beiden

Pollenpaketchen für den Transport in die Nachbarschaft an den Kopf. Nach aussichtslosen Minuten heben die leicht frustrierten Bienenmännchen von der perfekten Attrappe ab, um ein paar Augenblicke später erneut den Reizen einer unbestäubten Schönen (Blüte) zu erliegen.

Vielerlei Typen

Die heimischen Orchideen sind auch eine bestäubungsökologisch ungemein faszinierende Verwandtschaft. Eine weitere Besonderheit ist die unentbehrliche Verbindung ihrer Wurzeln mit bestimmten Bodenpilzen. Orchideen weisen immer eine endotrophe Mykorrhiza auf. Dabei dringen die Pilzhyphen in die Zellen der Wurzelrinde ein, so dass hier der Stoffaustausch innerhalb der Zellen vonstatten geht. Über den Anschluss an das Pilzmyzel vergrößern die Orchideenwurzeln ihre Reichweite im Boden und können so Mineralstoffe sowie Wasser viel effizienter aufnehmen.

*Orchideenwiesen (rechts) sind geradezu überbordende Lebensräume und weisen eine bemerkenswert artenreiche Kleintierfauna vor allem unter den Wirbellosen auf, darunter **Bärenspinner** (Raupe, l.o.), **Bockkäfer** (l.m.) und **Grünwiderchen** (l.u.), einen besonders interessanten Kleinschmetterling, auf der Blüte eines **Stattlichen Knabenkrauts** und die Blüte der **Hummelragwurz** (u. m.).*

Wacholderheiden und Orchideenwiesen
Szenen aus der Kalkeifel

*Zur Vielfalt tragen auch die zahlreichen Zweiflügler bei, **Bläulinge** (o.r) und **Blutströpfchen** (auf Wiesen-Hornklee, rechte Seite links), **Weinbergschnecken** (bei der Paarung) und die heute als Heilpflanze obsolete **Arnika**. Besonders interessant sind auch die parasitisch lebenden **Sommerwurz**-Arten (r.u.).*

Rechts: Prächtige Exemplare des **Gefleckten Knabenkrauts**

⋁

Fruchtendes Wollgras auf einer Wiese bei Nettersheim

Wacholderheiden und Orchideenwiesen
Szenen aus der Kalkeifel

Mal lieblich, mal schroff, aber immer reizvoll

Das Ahrtal – attraktives Tor zur Eifel

Mitten im historischen Kern von Blankenheim die „Ahrquelle"

Wir beginnen jetzt unsre Wanderungen an und um die Ar, ohne Bedenken der romantischste Fluss von allen, welche ihre Wasser in den Rhein gießen; so dass man mit Recht sagen kann, dass wer in diesen Gegenden gewesen ist und versäumt ihn zu sehen das Beste versäumt hat.

Ernst Moritz Arndt

Mal lieblich, mal schroff, aber immer reizvoll
Das Ahrtal – attraktives Tor zur Eifel

Die meisten „Entdecker" der Eifel kommen im 19. Jh. vom Rhein her und nutzen das Ahrtal als günstigen Zugang zur inneren Eifel. Um 1830 hat die Rhein-Romantik bereits Auswüchse eines Massentourismus ausgelöst. Erst dann fällt der Blick auf die Seitentäler des großen Stroms. Mit dem Bonner Professor Ernst Moritz Arndt (1769–1860) und den Künstlern der Düsseldorfer Malerschule Carl Friedrich Lessing (1808–1880), Johann Wilhelm Schirmer (1807–1863), Eduard Wilhelm Pose (1812–1878) und Jean-Nicolas Ponsart (1788–1870) sind zur gleichen Zeit weitere prominente Persönlichkeiten im Ahrtal unterwegs, die über Land und Leute in Worten, Gemälden und Radierungen Zeugnis ablegen. Neben Arndt sind dem Kölner Schriftsteller Ernst Weyden (1805–1869), dem Neuwieder Botaniker Philipp Wirtgen (1806–1870) und schließlich dem Bonner Professor und engagierten Liberalen von 1848, Gottfried Kinkel (1815–1882), die ersten ausführlichen Reisebeschreibungen und Wanderführer zu verdanken. Zur Mitte des 19. Jh. ist auch das Ahrtal mit seiner „Niederrheinischen Schweiz", der Felsen- und Burgenlandschaft bei Altenahr, ein viel besuchtes Ausflugsziel geworden, lange vor dem Moseltal.

Bezeichnenderweise urteilt 1849 Baedekers Rheinreiseführer über Kreuzberg: „Die sehenswerten Gegenden des Ahrthales hören hier auf, und man thut wohl, auf demselben Wege wieder an den Rhein zurück zu kehren." Das sehen wir heute anders. Denn im

*Von der Ruine der Saffenburg oberhalb von Mayschoß eröffnet sich der **Blick auf Rech**. Die Weinlandschaft der Mittelahr bedeutet für viele „Das Ahrtal" schlechthin.*

<

*Das schon römisch besiedelte **Blankenheim** war mit seiner mittelalterlichen Burg bis Ende des 18. Jh. Sitz eines Adelsgeschlechts und besaß Stadtrechte.*

*Ein geologischer Lehrpfad führt zum eindrucksvollen **Blick von der Spicher Ley in Schuld**: In einigen Jahrtausenden wird die große Ahrschleife aufgrund der Seitenerosion am Mäanderhals bei der Kirche abgeschnitten sein.*

Mal lieblich, mal schroff, aber immer reizvoll
Das Ahrtal – attraktives Tor zur Eifel

Gegensatz zu den meisten Eifelflüssen, die vornehmlich in die Mosel münden, gehört die Ahr nicht nur zu den wenigen Gewässern, die zum Rhein fließen, sondern sie reicht auch am tiefsten in ost-westlicher Richtung vom Rhein aus bis dicht an die höchsten Lagen in die Eifel hinein. Obwohl die Luftlinie von den Quellen der Ahr in Blankenheim bis zur Mündung in den Rhein bei Remagen-Kripp nur 46 km beträgt, legt der Fluss in zahlreichen Windungen etwa 85 km zurück. Die heutige Talstraße zwischen Blankenheim und Remagen-Kripp ist mit 73 km deutlich kürzer, weil sie z.B. in Schuld, Altenahr oder Mayschoß manche Schleife abschneidet. Das Gefälle des Tales von den Karstquellen, die mitten in Blankenheim in einer kleinen Brunnenstube bei 474 m über dem Meeresspiegel liegen, bis zur relativ naturnahen Rheinmündung bei etwa 53 m ü. NN, beträgt immerhin 421 m.

Im **Oberen Ahrtal** (hier bei **Pützfeld**) ist die Ahr zu einem Fluss angewachsen, nachdem ihr zahlreiche Nebenbäche reichlich Wasser zugeführt haben. Üppige Baumbestände säumen ihren Lauf.

Faltenschenkel bei Schuld

Die großen Mäander der Ahr schneiden immer wieder den anstehenden Fels an (hier am **Prümer Tor bei Schuld**) und offenbaren so die mächtigen Schichten des Devon-Meeres.

Uneinheitliche Gliederung

E. M. Arndt ist eine poetische Dreiteilung des Flusslaufs zu verdanken: Die „wilde Ar" von Blankenheim bis Dümpelfeld, die „erhabene Ar" bis Walporzheim und die „schöne Ar" bis zur Mündung. Seine Bezeichnungen haben sich nicht durchgesetzt. Im 19. Jh. sprechen die Meisten nur von zwei Abschnitten – der Oberahr von Blankenheim bis Kreuzberg und der Unterahr bis zum Rhein. Heute ist bei den Einheimischen eine Gliederung in drei Teile üblich, die Oberahr von Blankenheim bis Kreuzberg, die Mittelahr bis Walporzheim und schließlich die Unterahr. Auch die in der Landeskunde verbreitete Naturräumliche Gliederung benennt drei Abschnitte, die sie aber nach geologischen Aspekten abgrenzt, nämlich Kalkeifel, Ahreifel und Unteres Mittelrheintal/ Rhein-Eifel. Der Geograph Wilhelm Wendling schlägt dagegen eine Einteilung der Ahr in vier Abschnitte vor, der auch wir folgen. Er kombiniert dazu markante natur- mit kulturräumlichen Faktoren. Die Junge Ahr verläuft demnach von Blankenheim bis Ahrdorf, es folgen die Oberahr bis Kreuzberg, die Mittelahr bis zur Bunten Kuh bei Walporzheim und die Unterahr bis zur Mündung in den Rhein.

oben, von links nach rechts:
Die gewöhnliche Pestwurz ist ein Schwemmlandbefestiger und gehört zu den ersten Frühjahrsblühern.

Die kleinen Seitentäler der Ahr (hier die **Mündung des Vischelbaches in Kreuzberg**), die häufig nur von Feld- und Wanderwegen erschlossen sind, zählen zu den besonders schönen Kostbarkeiten der Umgebung.

Burg Kreuzberg bildet einen markanten Auftakt für das Mittlere Ahrtal.

Die steinerne **Ahrbrücke in Rech** besitzt noch Bauteile von 1723/24. Seit 1789 steht ein Bildnis des Hl. Johannes von Nepomuk auf ihrer Mitte, das 1920 erneuert worden ist. 2008/09 wurde diese älteste noch bestehende Ahrbrücke grundlegend renoviert.

>
Die schroffe Felsenlandschaft, gekrönt mit der **Ruine der Burg Are und umgeben von der großen Ahrschleife** („Langfigtal"), ließ Altenahr um 1830 zum touristischen Höhepunkt des Ahrtals und der „Niederrheinischen Schweiz" werden, wie man die Mittelahr romantisch verklärt nannte. Hier stehen die Schichten des Devon-Meeres sogar senkrecht aufgefaltet. Das Naturschutzgebiet „Langfigtal" ist hinsichtlich seiner Flora und Fauna hervorragend erforscht.

Mal lieblich, mal schroff, aber immer reizvoll
Das Ahrtal – attraktives Tor zur Eifel

Geschichtet, gefaltet, geschoben

Wer im Ahrtal unterwegs ist, erlebt eine Reise durch mehr als 400 Mio. Jahre Erdgeschichte. Kann man sich dabei wirklich vorstellen, ständig von den zu Fels gepressten Ablagerungen eines Flachmeeres aus dem Erdzeitalter Devon südlich des Äquators umgeben zu sein? Aber in den Eifelkalkmulden bei Blankenheim beweisen Korallenreste und versteinerte Lebewesen gerade dies. Und nicht nur in Altenahr an der Engelsley sieht man den jetzt senkrecht aufragenden Meeresboden mit den charakteristischen Oszillationsrippeln, die uns heute vom Wattenmeer so vertraut sind. Welche ungeheuren Kräfte sind da vor etwa 300 Mio. Jahren wirksam gewesen, die zum Teil über 5 km dicken horizontalen Gesteinspakete zu Falten zusammenzuschieben, in Verwerfungen zu zerreißen und zu einem hohen Gebirge aufzutürmen (Variskische Faltung)?

Spektakuläre Verbiegungen der Schichten sind besonders in Schuld und Altenahr erlebbar. Während der über 250 Mio. Jahre dauernden Wanderung der Landmasse von der Südhalbkugel in unsere nördlichen Breiten hat dieses Gebirge verschiedene Klimate erlebt. Regen, Wind, heiße und kalte Temperaturen, chemische und biologische Verwitterung haben es wieder eingeebnet. Vor etwa 50 Mio. Jahren (Tertiär) hat der Gebirgsrumpf erneut begonnen, sich sanft zu heben. Dabei zerfällt das flache Gebirge in mehrere Schollen, die mal höher, mal tiefer zum Liegen kommen. Die Höhen südlich des Ahrtals sind noch heute höher als die nördlichen Landschaften. Die

Mal lieblich, mal schroff, aber immer reizvoll
Das Ahrtal – attraktives Tor zur Eifel

Vulkane der Hocheifel (u.a. Hohe Acht, Nürburg, Aremberg) und an der Unterahr (Neuenahrer Berg, Landskrone) entstehen nicht in den Phasen verstärkter Tektonik, sondern in Ruheperioden. Ein Zusammenhang ihrer Vorkommen mit den Strukturen des Faltengebirges ist nicht erkennbar, sie sind wohl nur auf den letzten Kilometern der Erdkruste von Schwächebereichen im Schiefergestein geleitet.

Noch jung oder schon ziemlich alt?

Erst seit rund 2 Mio. Jahren entwickelt sich der Lauf der Ahr (Quartär). Die Mäander der Oberahr bei Müsch, Schuld und Insul wie auch der Mittelahr zwischen Kreuzberg und Rech wurzeln in diesen Zeiten eines sehr geringen Flussgefälles ihrer Scholle. Manchenorts hat Jahrtausende andauernde Seitenerosion die Mäanderhälse durchstoßen und damit den Flusslauf verkürzt. Umlaufberge, umgeben vom Altarm der Ahr, finden sich in Insul, Altenburg und Mayschoß. Die nächsten Jahrtausende werden auch in Schuld, Altenahr und erneut Mayschoß Umlaufberge entstehen lassen. Und wo das Tal fast geradlinig verläuft, wie der Adenauer Bach und die Oberahr von Dümpelfeld bis Hönningen, der Auel von Rech bis Dernau oder die Unterahr von Walporzheim bis zur Mündung, orientiert es sich an Verwerfungen. Diese begründen auch die reichen Mineral- und Thermalquellvorkommen zwischen Ahrweiler und dem Rhein.

<
*Die **Felsenbirne** ist eine der Leitarten der wärmeliebenden Gebüsche der Talfelsen.*

< ∨
*Kennart der bemerkenswerten Xerothermvegetation ist das **Wimper-Perlgras**.*

∨
*Die **Mauereidechse** ist in den Weinbergen die häufigste Art.*

∨ ∨
***Rosenkäfer** finden sich im Frühsommer gerne auf blühenden Sträuchern ein.*

∨ ∨
*Im Ahrtal kommt auch die **Raupe des Brombeerspinners** vor.*

*Mal lieblich, mal schroff, aber immer reizvoll
Das Ahrtal – attraktives Tor zur Eifel*

Panoramablick auf Mayschoß mit dem markanten Umlaufberg Etzhardt. Wintertage zeigen besonders deutlich, welche Weinlagen von der Sonne bevorzugt werden.

Der Übergang des engen und felsigen Mittleren Ahrtals zum weiten und dicht besiedelten Unteren Ahrtal erfolgt an der **Bunten Kuh**, der markanten Felsnase bei Walporzheim. Die altterrassierten **Steillagen** bieten nicht nur ein spektakuläres Bild, sondern sind auch wegen der hier erzielten hervorragenden Weinqualitäten berühmt. In der Nachbarschaft schließen sich die durch Flurbereinigung geglätteten Weinberge an, die inzwischen 80 Prozent der Rebfläche des Ahrtals einnehmen.

⌄

*Die frühe **Blüte der Mandelbäume** zeugt besonders auf ehemaligen Rebparzellen vom warmen Klima im Unteren Ahrtal.*

⌄

*Mit **Querterrassierung** gelingt moderner Flurbereinigung ein Kompromiss zwischen ökologisch und kulturhistorisch wünschenswerter Erhaltung von Trockenmauern und Arbeitserleichterung für die Winzer.*

Früher eine ganz andere Richtung

Oberhalb von Dernau, in nördlicher Richtung, setzt sich der Auel in der Anhöhe fort und spiegelt mit einer sanften Einmuldung des Geländes bei Esch/Holzweiler den ursprünglichen Lauf der Ahr lange vor den Eiszeiten. Damals mündete sie noch bei Meckenheim in den alten Rheinlauf. Später wird dieses alte Tal der Ahr von dem viel kleineren Swistbach genutzt. Einer zweiten „kleinen Ahr", als Vorläufer der heutigen Unterahr wieder einer Verwerfung folgend, ist es nämlich in Jahrtausenden gelungen, ihre Quelle rückwärts zu verlagern, die eigentliche Ahr bei Dernau anzuzapfen und Richtung Osten zum inzwischen tiefer liegenden Rhein abzulenken.

Seit etwa 800 000 Jahren erfolgt erneut eine stärkere (und noch anhaltende) Hebung der „Rheinischen Masse" um etwa 200 m. Zugleich erlebt die Nordhalbkugel der Erde mindestens 15 Vereisungsphasen, immer unterbrochen von wärmeren Abschnitten. Die Ahrschleifen schneiden sich, ihrem alten Lauf und nicht Gesteinsunterschieden folgend, entsprechend tiefer ein. Der Fluss wechselt zwischen Zeiten der Ablagerung seiner Schotter in den Kaltzeiten und darauf folgendem Einschneiden in den Warmzeiten. So entstehen Terrassenstufen an den Talhängen, die sich manchenorts markant abheben.

Weinbau und Landschaftsbild

Auch heute herrscht kein Stillstand der Naturkräfte im Wandel der Landschaft. Häufige kleinere Erdbeben verweisen auf tektonische Aktivitäten. Die Nähe zum Laacher See erinnert nur zu gut daran, dass der Eifelvulkanismus nicht erloschen ist. Gemessen an den Eiszeiten, erscheint uns unser gegenwärtiges Klima milde. Insgesamt ist das Ahrtal infolge seiner Lage im Lee des Hohen Venns eher trocken. Dieser Effekt verstärkt sich noch zwischen Kreuzberg und Walporzheim durch das kleingekammerte Relief. Hier scheint die Sonne öfter, und wenn durch den vornehmlich west-östlichen Flussverlauf die nördlichen Talflanken voll der Sonneneinstrahlung ausgesetzt sind, entstehen die Bedingungen, die trotz der nördlichen Lage, die eigentlich im Mittelmeerraum beheimateten Weinreben gedeihen lassen. Die Winzer haben diesen natürlichen ersten Schatz des Ahrtals in Jahrhunderte langer Arbeit gehoben. Weinlagen wie „Walporzheimer Gärkammer",

Mal lieblich, mal schroff, aber immer reizvoll
Das Ahrtal – attraktives Tor zur Eifel

"Bachemer Sonnenschein" oder "Neuenahrer Sonnenberg" sprechen für sich. Eine besondere, auf Wärme und Trockenheit eingestellte Flora und Fauna hat hier zudem eine exponierte Nische gefunden. Jeder, der schon den 1972 geschaffenen "Rotweinwanderweg" begangen hat, freut sich die Eidechsen auf den Felsen oder Trockenmauern beim Sonnenbad zu beobachten. Und doch gibt es zum Schrecken der Winzer Jahre mit spät im Frühjahr oder früh im Herbst eintretenden Frösten. Auch verregnete Wochen zur Blütezeit der Trauben oder im Spätsommer sind gefürchtet. Man sollte sich zudem von der meist daher plätschernden Ahr nicht täuschen lassen. Vor allem die Sommer-Hochwässer nach schweren Gewittern und Regenphasen sind berüchtigt, weil sie die Ahr schnell anschwellen lassen. Die gewaltigen Fluten 1804 (21. Juli), 1910 (12./13. Juni) und zuletzt 2016 (01.-04. Juni) sind unvergessen. Nicht nur das ausgreifende Einzugsgebiet der Ahr erklärt diese Bedrohung. Mit umfangreichen Renaturierungsmaßnahmen an den zuführenden Bächen und entlang des Hauptlaufs, die in den vergangenen 150 Jahren fast alle begradigt und ihrer natürlichen Überschwemmungsgebiete beraubt worden sind, will man den Abfluss wieder verlangsamen (Programme "Ahr 2000", "Aktion Blau" und "Naturschutzgroßprojekt Obere Ahr - Hocheifel"). Die naturnahe Ahrmündung verändert im Wechsel der Wasserstände ständig ihr Erscheinungsbild.

1960 bis 1980 setzten Flurbereinigungen z.B. an der Landskron bei Heppingen, in Dernau und Marienthal auf weitestgehend eingeebnetes Rebland. Eine Wanderung über den Rotweinwanderweg demonstriert den Wandel in der Konzeption von Flurbereinigungen von 1957 bis heute.

Das Weinbaugebiet "Ahr", Deutschlands größtes geschlossenes Rotweinanbaugebiet, ist für seine Spätburgunderweine bekannt. Bei den weißen Trauben steht der Anbau von Riesling im Vordergrund.

*Eingebettet zwischen Weinbergen zählen die Ruine der **Klosterkirche Marienthal** und das benachbarte Weingut zu den beliebten Plätzen der Geselligkeit. Hier ahnt man nicht, dass sich der Eingang zum Regierungsbunker der Bundesrepublik (1959-1972 gebaut, bis 1997 in Betrieb) nur wenige hundert Meter entfernt befunden hat.*

△
Ahrweilers geschlossener mittelalterlicher Stadtmauerring mit seinen vier Toren spiegelt mit seinem Baumaterial, dem bräunlichen Grauwackegestein der historischen Steinbrüche in der Umgebung, exakt die alten Weinbergsmauern. Stadtbild und terrassierte Weinberge bilden eine harmonische Einheit.

△△
Wasserbauliche Maßnahmen geben der Unterahr inzwischen wieder einen naturnäheren Charakter.

Noch 1789 vermerkt der Rheinreisebericht von Joseph Gregor Lang über die Ahr lediglich: „Das Flüsschen entspringt in der Eifel, nimmt einige starke Bäche mit, strömt zuweilen wild aus und ist den vorbeifahrenden Flößen gefährlich. Die ganze Gegend, welche dieses unbeschiffte Strömchen bewässert, ist durch den kostbaren Ahrer Bleichert berühmt." Dem Weinbau jedoch geht es noch lange schlecht. Erst die Gründung von Winzergenossenschaften, weltweit erstmals 1868 in Mayschoß, schafft etwas Abhilfe. Aber die Strukturprobleme (zu kleine Betriebe mit zersplitterten Parzellen) bleiben weiterhin bestehen. Umfangreiche Flurbereinigungsverfahren zwischen 1957 und heute, die das Landschaftsbild durch Ausräumung der alten Weinbergterrassen beträchtlich verändern, leiten eine „Gesundschrumpfung" des Weinbaus auf heute etwa 560 ha ein. Nicht mehr „Masse", sondern „Klasse" lautet die Devise einer neuen Winzergeneration seit etwa 1990, die es inzwischen zu internationaler Anerkennung für ihre Spät- und Frühburgunder gebracht hat. Das kleine Weinbaugebiet Ahr ist das größte geschlossene Rotweinanbaugebiet Deutschlands.

Mal lieblich, mal schroff, aber immer reizvoll
Das Ahrtal – attraktives Tor zur Eifel

Thermalquellen sind Reste des Vulkanismus

Der Ahrweiler Kaufmann und Weinhändler Georg Kreuzberg (1796–1873) erkennt den wirtschaftlichen Wert des zweiten natürlichen Schatzes, der Thermal- und Mineralquellen im Ahrtal: 1852 nimmt in Wadenheim (zusammen mit Beul und Hemmessen seit 1875 „Neuenahr") der Apollinaris-Brunnen den Betrieb auf. Das erste industrielle Unternehmen im Ahrtal mit der weltbekannten „The Queen of Table Waters" gehört seit 2006 zu Coca-Cola. Die Eigenschaften dieser Quelle weisen Kreuzberg den Weg, warme Quellen auf der rechten Ahrseite in Beul zu fassen, um 1858 seinen Kurbetrieb „Bad Neuenahr" zu eröffnen. Der Aufstieg zum international geschätzten „Rheinischen Karlsbad" gelingt um die Wende zum 20. Jahrhundert. Davon zeugen noch immer das markante Kur- und Bäderhaus. Mit dem Ersten Weltkrieg (1914–1918) bricht die adelige und großbürgerliche Kundschaft weg. Die folgenden Krisen- und erneuten Kriegsjahre (1939–1945) verhindern eine schnelle Erholung. Der Strukturwandel vom mondänen Badeort zum populären Sozialkurort gelingt erst nach 1949 durch eine „kurfreundliche" Gesundheitspolitik der Bundesrepublik. Bad Neuenahr (seit 1927 „Bad" und 1951 „Stadt") erlebt seine zweite Blüte. Mit 1982 beginnt ein erneuter Wandlungsprozess. Der Staat gibt die Förderung der Kuren zugunsten der auf das medizinisch Notwendige beschränkten Rehabilitation auf. Seit 2014 ist die Stadt Bad Neuenahr-Ahrweiler (seit 1969 zusammengeschlossen) als Betreiber des Tourismus an die Stelle der in Auflösung begriffenen Aktiengesellschaft Bad Neuenahr getreten. Gegenwärtig wird die Landesgartenschau 2022 als ein dann sichtbares Zeichen des Strukturwandels vom Kurort zu einem „zeitgemäßen Gesundheits- und Erholungsstandort" angegangen. Trotz aller Probleme ist Bad Neuenahr-Ahrweiler mit weitem Abstand das touristische Zentrum des Ahrtals, der Eifel und auch führend in Rheinland-Pfalz. Der Versuch, seit den 1920er Jahren auf der Grundlage eigener Quellvorkommen ebenfalls einen Kurtourismus zu entwickeln, ist in Sinzig, Bad Bodendorf und Kripp nach wenigen Jahrzehnten gescheitert. Dagegen erfreuen sich Altenahr und auch Blankenheim eines beachtlichen Tourismus.

Ob lieblich, ob schroff – das Ahrtal erfreut sich zahlloser Freunde!

*Gegenüber von Linz/Rh. ergießt sich die Ahr in einer naturnahen **Mündung** in den Rhein. Seit etwa 40 Jahren erlaubt die Ausweisung als Naturschutzgebiet der Ahr in gewissen Grenzen ein freies Mäandern. Von allen Nebenflüssen des Rheins genießt nur die Ahr dieses Privileg.*

Waldland am Eifelrand

Unterwegs im Naturpark Rheinland

Der Eindruck der Natur und ihres Lebens und Webens hier, obgleich die Stelle dem Rhein und der großen Rheinstraße und ihrem Geschwärm und Gewimmel so nahe liegt, ist doch Stille und Einsamkeit.

Ernst Moritz Arndt

Waldland am Eifelrand
Unterwegs im Naturpark Rheinland

Seit 1959 ist das kulturhistorisch bedeutsame Waldgebiet an der Nordostecke der Eifel Bestandteil des anfangs so benannten Naturparks Kottenforst-Ville, der heute nach einer erheblichen Gebietserweiterung 1045 km² Fläche umfasst und seit 2005 die etwas diffuse Bezeichnung Naturpark Rheinland trägt. Der Kottenforst bei Bonn ist sein Kerngebiet – ein ungefähr herzförmig umrissenes, nahezu geschlossenes Waldgebiet. Große Teile davon sind ein seit 2004 gegen uneinsichtige Privatinteressen bemerkenswert hart erkämpftes Waldnaturschutzgebiet nach der Flora-Fauna-Habitat-Richtlinie (FFH-Gebiet). Hier finden sich immerhin bundesweit bedeutende Vorkommen hochgradig bedrohter Arten, beispielsweise des Springfrosches. Eine der Kennarten des Gebietes ist der attraktive Hirschkäfer. Eingerahmt wird der Kottenforst von Ackerfluren und – insbesondere im Bördenland um Meckenheim – von ausgedehnten Obstbaumkulturen.

∧
*Als einer der wenigen heimischen Waldfarne entwickelt der **Adlerfarn** eine prächtige Herbstfärbung.*

∧∧
***Hirschkäfer** sind im Kottenforst gar nicht so selten – aber überwiegend dämmerungsaktiv.*

>
*Ein eher heimlicher Waldbewohner ist die sehr scheue **Wildkatze**.*

>>
*Den **Waldkauz** hört man eher, als dass man ihn sieht. Mit seinem kennzeichnenden Ruf ist er sozusagen die klassische „Krimi-Eule".*

Ganz am Rande der Eifel

Üblicherweise grenzt man die Eifel als flächengrößten Bestandteil des Rheinischen Schiefergebirges östlich mit dem Mittelrheintal und nördlich mit der Niederrheinischen Bucht ab. Damit scheint auch ihr nordöstlicher Eckpunkt hinreichend genau festgelegt zu sein. Beim Blick auf die Karte und in die Landschaft tritt der Übergang landschaftlich keineswegs so deutlich hervor, wie es die beschreibende Grenzziehung unterstellt.

In ihrem südlichen Zipfel ist die Niederrheinische Bucht zweigeteilt: Der Rhein verläuft nördlich von Bonn in einer als Köln-Bonner Stromebene bezeichneten Landschaftseinheit, während sich weiter westlich die flachen, über die Swistbucht bis fast an das Ahrtal heran-

reichenden Lössbörden um Rheinbach und Meckenheim erstrecken. Beide Landschaftseinheiten trennt ein 7–14 km breiter Höhenzug, der im inneren Buchtwinkel bei Bad Godesberg an den Eifelnordrand ansetzt, fast 50 km weit in nordwestliche Richtung verläuft und im Kartenbild tatsächlich wie eine schmal-fingerförmige Fortsetzung der Eifel erscheint.

Holzkeule (l.o.) und *Zitterling (l.u.)* sind ziemlich ungewöhnliche Pilzgestalten.

Vielfach findet man im Kottenforst direkt am Weg große **Ameisenburgen**.

Mit ihrem Pyjama-Look sind die **Frischlinge** am Waldboden bestens getarnt.

Rechts außen von oben nach unten: Pilze sind im Naturpark artenreich vertreten, darunter:
**Holzritterling,
Schwefelporling,
Fliegenpilz** und
Kammkoralle.

Direkter Eifelbestandteil ist bei Bonn jedoch nur der auf einem breiten Plateau liegende Kottenforst. Nördlich der Linie Bonn – Buschhoven bezeichnet man den die Eifel verlängernden Höhenzug dagegen als Ville.

Die genaue landschaftliche Grenze dazwischen tritt vor Ort kaum in Erscheinung, aber ist geologisch fast liniengenau anzugeben: Der Untergrund des Kottenforstes besteht aus devonischem Gestein, darunter auch seine Höhenpunkte Venusberg, Kreuzberg und Hardtberg. Dagegen besteht der niveaugleich ansetzende Villerücken aus den gleichen Lockermaterialien (Sande, Kiese, Tone) wie die Füllung der Niederrheinischen Bucht, und tatsächlich ist sie auch deren landschaftlicher Bestandteil. Als Hochscholle hat sie die Absenkung der übrigen Bauteile des Niederrheingebietes während der Tertiärzeit nicht in gleichem Maße mitvollzogen und blieb daher als Höhenzug erhalten. Somit endet die Eifel an ihrem nordöstlichen Zipfel also nicht erst vor den Toren von Köln oder gar am Villesaum bei Grevenbroich, sondern schon mit dem Kottenforstplateau bei Bonn.

Waldland am Eifelrand
Unterwegs im Naturpark Rheinland

Dokument der jüngeren Erdgeschichte

Das Kottenforstplateau besteht aus kaltzeitlich angelegten Terrassenflächen – die ältere und die jüngere Hauptterrasse, die man auch als Hochtalbodenterrassen bezeichnet, weil das Rheintal zur Zeit ihrer Anlage noch eine relativ hoch auf der östlichen Eifelschulter gelegene, breite Mulde war. Die ältere Hauptterrasse ist wohl vor mindestens 900 000 Jahren entstanden. Ihre Reste sind im Drachenfelser Ländchen südlich vom Kottenforst vielfach nachweisbar. Landschaftswirksamer ist die großflächig entwickelte jüngere Hauptterrasse, die heute auf etwa 180 m ü. NN liegt: Sie stellt die eigentliche, weitgespannte Kottenforstebene dar – ein Rheintalboden von etwa 700 000 Jahren Alter. Fast lückenlos ist sie mit stark gerundetem Rheinkies bedeckt, was den Ackerbau arg erschwert. Unter den Kiesen lagern vielfach ältere Tone, die aus zusammengeschwemmten Resten der Verwitterungsrinde devonischer Schichtgesteine hervorgingen und die lockere Kies- oder Sandüberdeckung nach unten abdichten. Stellenweise bilden sie sogar abbauwürdige Lagerstätten. Die Böden neigen daher sehr stark zur Staunässe. Etliche Flurnamen nehmen darauf Bezug, beispielsweise die Bezeichnung Venusberg, die sich von Venn (oder Fenn = Sumpf, Moor; vgl. Forsthaus Venne im Kottenforst) ableitet. Das auf weiten Strecken hoch anstehende Grundwasser sammelt sich in natürlichen oder künstlich angelegten Vertiefungen und bildet dort ökologisch reizvolle Feuchtbiotope, etwa in der Umgebung des Jägerhäuschens nördlich von Villiprott. Nur an den Terrassenrändern kann das Wasser abfließen.

Das weitläufige Wandergebiet des Naturparks ist über ebene Wege bestens erschlossen.

≫

*Verschwiegene **Feuchtbiotope** bieten zahlreichen schützenswerten Arten Lebensraum, darunter allen oben dargestellten Arten.*

∨

Springfrosch

Waldland am Eifelrand
Unterwegs im Naturpark Rheinland

Blauflügel-Prachtlibelle

Frühe Adonislibelle

Blaue Mosaikjungfer

Wasserfrosch

Bergmolch

Feuersalamander

Hier haben sich relativ kurze, aber steile Bachtäler eingetieft. Die meisten zeigen einen bemerkenswert asymmetrischen Querschnitt mit je einem sehr steil und einem flacher einfallenden Talhang. Diese Talausformung geht auf eigenständige Schollenbewegungen innerhalb des Gesteinsuntergrundes, aber auch auf unterschiedliche Materialbewegungen in der Nacheiszeit zurück.

Ungewöhnliche Walderhaltung

Im Unterschied zum benachbarten Drachenfelser Ländchen trägt die Kottenforstterrasse nur eine dünne Lösslehmdecke, so dass eine landwirtschaftliche Nutzung auf weiten Strecken

Vom Drachenfels und anderen Höhenpunkten des rechtsrheinischen Siebengebirges überblickt man fast die gesamte Eifel mit ihren durch jahrmillionenlange Erosion weithin eingeebneten Hochflächen. Der Blick reicht bei klarem Wetter sogar bis an die westlichen Eifelgrenzen. Das schmale Band, welches den Horizont bildet, sind die Randhöhen von Hohem Venn und Ardennen. Bildmittig vor dem Drachenfels befindet sich übrigens die landschaftlich nicht besonders hervorgehobene Grenze zwischen Mittel- (links) und Niederrhein (rechts).

Von der Tomburg bei Rheinbach blickt man über den breiten Südausläufer der Zülpicher Börde über das dunkle Band des Kottenforstes bis hinüber zum rechtsrheinischen Siebengebirge.

wenig attraktiv erschien. Dieser Tatsache ist die Erhaltung als großes und auch heute noch weitgehend geschlossenes Waldgebiet zu verdanken.

Der Name Kottenforst ist mutmaßlich keltischen Ursprungs, denn ähnlich lautende Bezeichnungen finden sich auch in den heutigen gälischen Sprachen: „coed" ist im Walisischen, „coat" bzw. „goat" im Bretonischen der übliche Begriff für Wald. Der Namensbestandteil „-forst" hat dagegen eher besitzrechtliche Bedeutung: Das gesamte Gebiet war in fränkischer Zeit Krongut. Die in der Region angesiedelten karolingischen Hofgüter, am Südwestrand des Kottenforstes beispielsweise Gut Muffendorf, bewirtschafteten eben auch die Waldgebiete. Die erste urkundliche Erwähnung – Anlass war 888 ein Besitzwechsel an die Abtei Prüm – führt dieses Gebiet bereits unter der Bezeichnung „cotenforast" auf. Die heutige Waldbenennung verwendet daher einen Flurnamen, der bereits seit mehr als 1000 Jahren urkundlich belegt ist.

*Bei den **Buchenkeimlingen** sehen die Keimblätter ganz anders als die Folgeblätter aus.*

*Im **Naturschutzgebiet Tomburg** entwickelt sich der Wald nach seinen eigenen Gesetzen.*

Um 973 ging das Jagdrecht im Kottenforst an das Erzstift Köln über. Im Jahre 1549 trat die Abtei Siegburg, in deren Eigentum sich das Waldgebiet unterdessen befand, dieses Grundrecht wieder an den Kölner Kurfürsten ab. Gerade die jetzt beginnende kurfürstliche Zeit hat dem Waldgebiet ihre besonderen Marken aufgedrückt. Aus dieser Epoche stammt das im Kartenbild so auffällige, eigenartig geometrisch angelegte Wegenetz. Seine radial verlaufenden Teilstrecken sind die so bezeichneten Alleen, während die diese verbindenden Wegstücke bis heute als Bahnen verzeichnet sind. Beide stellen schnurgerade, über größere Distanzen durch den Wald gelegte Schneisen dar. Früher dienten sie der rascheren Fortbewegung der berittenen Jäger und ihrer begleitenden Jagdmeute bei Parforcejagden. Die respektable Jagdleidenschaft des letzten Kölner (Bonner) Kurfürsten Clemens August (1723-1760) hat das Waldgebiet ebenso wie Teile der nordwestlich anschließenden Waldville nahezu komplett erschließen lassen. Das erhaltene Wegenetz erinnert daher bis heute eher an einen absolutistisch durchstilisierten Barockgarten als an einen naturnahen Wald. Die tellerebene Kottenforstterrasse kam der offensichtlich am Reißbrett entwickelten Erschließung sehr entgegen. Alle Hauptachsen des Wegesystems wie Witterschlicker,

Waldland am Eifelrand
Unterwegs im Naturpark Rheinland

Flerzheimer, Meckenheimer, Villiper und Wattendorfer Allee laufen im Zentrum des Bonner Vorortes Röttgen – bezeichnenderweise einer alten Rodung – zusammen. An ihrem gemeinsamen Schnittpunkt befand sich das seit 1750 erbaute, aber schon kurz nach 1800 wieder abgerissene Jagdschloss Herzogsfreude (Joie de Duc). Die aus dieser Zeit stammende Meckenheimer Allee ist heute zur B257 ausgebaut. Ihr lehnt sich auf einer Länge von mehr als 3 km die Trasse der A565 an, die das gesamte Waldgebiet brutal in zwei Teilflächen zerschneidet.

Natürliche und naturnahe Vegetation

Von Natur aus würde der Kottenforst ebenso wie einige Teilflächen im Zülpicher Bördenland oder das Gebiet der Bürgewälder bei Jülich weithin einen Maiglöckchen-Stieleichen-Hainbuchenwald tragen. Neben den namengebenden Arten wird diese Waldgesellschaft stellenweise von der Rot-Buche oder sogar von der Trauben-Eiche beherrscht. Dem heutigen Waldbild sieht man es durchaus nicht an, dass der in französischer Besatzungszeit völlig devastierte Wald erst unter preußischer Ägide (nach 1816) durch eine planvolle forstliche Betreuung praktisch neu begründet wurde. In den nachfolgenden Jahrzehnten hat man zwar aus mancherlei Gründen größere Parzellen mit Nadelbaumarten bestockt, aber das moderne Leitbild der Kottenforstentwicklung zielt auf größere Anteile mit heimischen Laubholzarten hin.

Auffallend ist der von Natur aus recht geringe Anteil an Straucharten. Fast nur auf die Saumbereiche beschränkt sind Hasel, Faulbaum oder Wasser-Schneeball. Allerdings kann die betont schattenverträgliche Stechpalme auch noch Wuchsplätze im Waldinneren besetzen. Gerade diese Art ist biographisch bemerkenswert: Ihre Verbreitungsschwerpunkte liegen vor allem westlich des Rheins, und deswegen gilt sie als Zeigerart für atlantisch-ozeanische Klimabedingungen.

Trotz starker nutzungsbedingter Überformung weist der Kottenforst noch Teilbestände auf, die annähernd natürliche Verhältnisse erkennen lassen. Ein solches Waldstück befindet sich rechts und links der Flerzheimer Allee östlich vom Bahnhof Kottenforst: Die rund

*Die **Tomburg** ist der nördlichste Basaltvulkan im Rheinland.*

***Haselkätzchen** bringen im zeitigen Frühjahr die ersten Farbakzente.*

*Wirkt wie eine Superblume: Blütenstand des **Wasser-Schneeballs**.*

19 ha große Waldparzelle „Oberm Jägerkreuz" ist eine eigens so eingerichtete Naturwaldzelle, deren typische Artenzusammensetzung ohne menschliche Eingriffe die Weiterentwicklung zu einem echten Urwald erwarten lässt. Hier unterbleibt daher auch jede forstliche Nutzung oder Bearbeitung.

Die räumliche Nähe der Bonner Universitätsinstitute erklärt, dass es über die Kleintierfauna des Kottenforstes zahlreiche Spezialuntersuchungen gibt. Weit über die Grenzen der Region bekannt sind beispielsweise die in großer Anzahl vorhandenen Burgen (Nesthügel) der Roten Waldameise – manche Insektenarten entwickeln sich in ungeheurer Individuendichte und tragen dennoch zur Gesunderhaltung der Gehölzbestände bei.

Waldland am Eifelrand
Unterwegs im Naturpark Rheinland

Linke Seite:
Kurze Rast auf dem Durchzug: Der **Kranich** ist die größte heimische Vogelart.

Ringfasan – von Natur aus im Rheinland nicht heimisch.

Artenreiche **Wildkrautflur bei Wachendorf**

<

Der ehemalige Domsteinbruch in der **Hohenburg bei Wachtberg-Berkum** lieferte zeitweilig Bausteine für den Kölner Dom.

∨

Die **Erft**, hier bei Bad Münstereifel, ist der einzige nach Norden entwässernde Eifelfluss.

∨∨

Wasseramsel, Bachstelze und Schafstelze halten sich gerne an Fließgewässern auf.

Der Traum vom Eifelwald

Im Nationalpark Eifel

Schon hier genießt man prächtige Einblicke in diese noch ganz ursprüngliche Fels- und Waldwildnis. (...) vom Volke wird diese Gegend „Ende der Welt" genannt.

Eifel-Führer 1889 über die Umgebung von Gemünd

Der Traum vom Eifelwald
Im Nationalpark Eifel

Der Autor des Eingangszitats aus der ersten Auflage des Eifel-Führers von 1889 schwelgt in romantischen Vorstellungen von einer industriellen Gegenwelt. Und doch spricht er einen elementaren menschlichen Traum an, welcher letztlich der Ausweisung eines jeden Nationalparks zugrunde liegt. In der Eifel ist es der Traum von der Wiedergeburt großer natürlicher Buchenwälder, wie es sie vor ca. 5000 Jahren in der Jungsteinzeit gegeben hat.

Einige Begriffe vorab: Naturpark, Nationalpark und Entwicklungsnationalpark

Es war der politische Wille, einer kriegsgeschundenen Region eine friedvolle Perspektive zu weisen. Aus dem „Naturpark Nordeifel" von 1960 erwuchs 1971 zwischen Prüm und Eupen, Bad Münstereifel und Langerwehe der „Deutsch-Belgische Naturpark Hohes Venn – Eifel" (ca. 2 700 km²). In „Naturparks" gehören gemäß Bundesnaturschutzgesetz Schutz und zugleich Nutzung von Natur und Landschaft zum Konzept einer Entwicklung ländlicher Regionen. Auch innerhalb eines Naturparks können sich Naturschutzgebiete, Landschaftsschutzgebiete,

Rur- und Urfttalsperre bilden mit dem Nationalpark Eifel ein großartiges landschaftliches Ensemble.

Bei Heimbach befindet sich der **Staudamm Schwammenauel** *für die Rurtalsperre, deren Bau 1934 begonnen wurde. Heute ahnt man nichts mehr von den dafür aufgegebenen Häusern in der ehemaligen, jetzt überfluteten Talaue.*

Naturdenkmale oder gesetzlich geschützte Biotope befinden. Das gilt ebenso für Nationalparks. Hier gelten aber wesentlich strengere Bestimmungen: Ein ausgedehntes Schutzgebiet soll sich natürlich entwickeln, jedoch auch eingeschränkt touristisch erlebbar sein. Die amerikanischen Nationalparks sind Naturlandschaften, die vor Eingriffen des Menschen bewahrt werden. In Deutschland aber sind es immer Kulturlandschaften, d.h. lange durch Menschen veränderte Landschaften, die sich jetzt wieder „zurück zur Natur" entwickeln sollen. Der Nationalpark Eifel ist ein solcher Entwicklungsnationalpark.

Nationalpark Eifel – Wald, Wasser, Wildnis

„Natur Natur sein lassen" lautet folgerichtig das Motto des Nationalparks Eifel. Eingebettet in den Deutsch-Belgischen Naturpark Hohes Venn – Eifel liegt dieses 2004 eingerichtete Schutz-

⋀
*Der spektakuläre **Sonnenaufgang**, aufgenommen aus Richtung Heimbach-Schmitt, verspricht einen herrlichen Sommertag.*

⋁
*Die **Höhenlagen der Rureifel** sind durch ihren flächenhaften Charakter geprägt, hier bei Huppenbroich (links) und Kesternich (rechts).*

gebiet im „Wilden Westen" von Nordrhein-Westfalen. Auf ca. 110 km² zwischen Nideggen im Norden, Gemünd im Süden und der belgischen Grenze im Westen erstreckt sich sein Areal, das von 240 km Wanderwegen durchzogen ist. Es zählt zu den 16 Nationalparks in Deutschland. Dem Bedürfnis zur Wiedergeburt eines großen Buchenwaldes, wie er z.B. am Kermeter im Ansatz schon vorhanden war, stand die Möglichkeit zur Seite, den ehemaligen britischen bzw. belgischen Truppenübungsplatz Vogelsang sinnvoll umzuwandeln. Zudem hatte man das touristische Potenzial des Projekts für die periphere Region erkannt. Dabei galt es, die monströsen Hinterlassenschaften der NS-Zeit („Ordensburg Vogelsang") bewusst nicht in den Nationalpark zu integrieren, aber ihren fatalen historischen Kontext auch nicht zu übergehen. Das 2016 neu errichtete und vorzüglich gelungene „Forum Vogelsang" ist als internationale Begegnungs- und Bildungsstätte konzipiert, die mit einer fundierten Ausstellung und Führungen im Gelände Zugänge zur Bedeutung dieser Anlage während der NS-Zeit vermittelt. Gleichzeitig fungiert das „Forum Vogelsang" auch als Nationalpark-Zentrum. Hier führt eine auch

*Im Nationalpark erlebt **der Biber** ein erfolgreiches Comeback.*

*Die Renaturierung verleiht dem **Helingsbach** seinen ursprünglichen Charakter.*

v. oben n. unten:
*Der geschützte **Seidelbast** ist eines der giftigsten heimischen Gehölze.*

*Blütenstand des **Wald-Geißblatts***

Schmalblättriges Weidenröschen – eine typische Lichtungspflanze

∨ ∨
*Saum mit **Rotem Fingerhut** und **Gewöhnlicher Pestwurz***

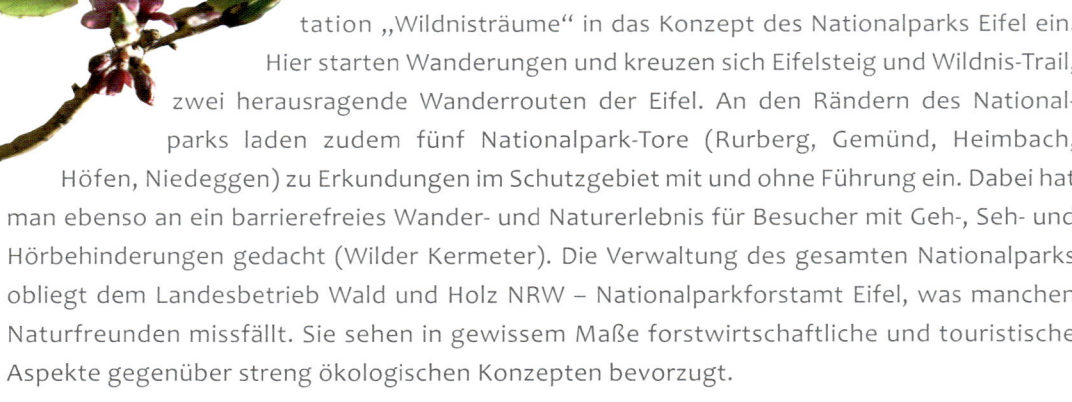

im Sinne der Inklusion medial attraktiv aufbereitete Präsentation „Wildnisträume" in das Konzept des Nationalparks Eifel ein. Hier starten Wanderungen und kreuzen sich Eifelsteig und Wildnis-Trail, zwei herausragende Wanderrouten der Eifel. An den Rändern des Nationalparks laden zudem fünf Nationalpark-Tore (Rurberg, Gemünd, Heimbach, Höfen, Niedeggen) zu Erkundungen im Schutzgebiet mit und ohne Führung ein. Dabei hat man ebenso an ein barrierefreies Wander- und Naturerlebnis für Besucher mit Geh-, Seh- und Hörbehinderungen gedacht (Wilder Kermeter). Die Verwaltung des gesamten Nationalparks obliegt dem Landesbetrieb Wald und Holz NRW – Nationalparkforstamt Eifel, was manchen Naturfreunden missfällt. Sie sehen in gewissem Maße forstwirtschaftliche und touristische Aspekte gegenüber streng ökologischen Konzepten bevorzugt.

Schön dunkel hier: Vom „Sternenpark" zur „Sternenregion"?

Seit 2014 darf sich der Nationalpark Eifel auch mit dem Titel Sternenpark schmücken. Die International Dark-Sky-Association setzt sich gegen die nächtliche Licht-Verseuchung in Stadt und Land ein. Im Nationalpark ist es jedoch so dunkel, dass sich in klaren Nächten die grandiose Pracht des Himmels erleben lässt. Eine Sternwarte der Astronomie Werkstatt „Sterne ohne Grenzen" im Eingangsbereich des Internationalen Platzes Vogelsang bietet besonders tiefe Einblicke ins All. Derzeit laufen einige Initiativen, die Lichtverschwendung im Umkreis von 15 km um den Nationalpark einzuschränken, was bei Gelingen mit einer Beförderung zur Sternenregion belohnt würde.

Naturfreunde-Internationale (Hrsg.) (1998): Landschaft ohne Grenzen. Eifel – Ardennen. Geschichte, Kultur, Radtouren, Wanderungen. 2. Aufl., J.P. Bachem Verlag, Köln

Negendank, J.F.W., Brauer, A., Zolitschka, B. (1990): Die Eifelmaare als erdgeschichtliche Fallen und Quellen zur Rekonstruktion des Paläoenvironments. Mainzer geowissenschaftliche Mitteilungen 19, 235-262

Neu, P. (1989): Eisenindustrie in der Eifel. Aufstieg, Blüte und Niedergang. Köln

Pfanz, H. (2008): Mofetten. Kalter Atem schlafender Vulkane. Selbstverlag Deutsche Vulkanologische Gesellschaft, Mendig

Pfotenhauer, A., Lixenfeld, E. (2013): Eifel. Monumente Edition, Bonn

Renn, H. (2000): Die Eifel. Wanderung durch 2000 Jahre Geschichte, Wirtschaft und Kultur. Verlag Eifelverein, Düren

Rothe, P. (2000): Erdgeschichte. Spurensuche im Gestein. Wissenschaftliche Buchgesellschaft, Darmstadt

Rothe, P. (2009): Die Geologie Deutschlands. 48 Landschaften im Porträt. 3. Aufl., Wissenschaftliche Buchgesellschaft, Darmstadt

Schmid, W. (Hrsg.) (2013): Die Eifel. Beiträge zu einer Landeskunde. Festschrift 125 Jahre Eifelverein /1888-2013), Bd. 2, Düren

Schmincke, H.-U. (2013): Vulkanismus. Wissenschaftliche Buchgesellschaft, Darmstadt

Schmincke, H.-U. (2014): Vulkane der Eifel. Aufbau, Entstehung und heutige Bedeutung. Springer Spektrum, Heidelberg

Schramm, J. (Hrsg.) (1974): Die Eifel. Land der Maare und Vulkane. 3. Aufl., Burkhardt, Essen

Schumacher, K.-H., Meyer, W. (2006): Geopark Vulkanland Eifel. Lava-Dome und Lavakeller in Mendig. Rheinische Landschaften H. 57, Köln

Schumacher, K.-H., Müller, W. (2011): Steinreiche Eifel. Herkunft, Gewinnung und Verwendung der Eifelgesteine. Görres, Koblenz

Schwedt, G. (2011): Mineral- und Heilwässer vom Rhein, von der Ahr und von der Eifel. Bouvier, Bonn

Schwind, W. (1984): Der Eifelwald im Wandel der Jahrhunderte, ausgehend von Untersuchungen in der Vulkaneifel, Düren

Sirocko, F. (2012): Wetter, Klima, Menschheitsentwicklung: von der Eiszeit bis ins 21. Jahrhundert. 3. Aufl., Wissenschaftliche Buchgesellschaft, Darmstadt

Steinicke, B., Steinicke, G., Steinicke, E. (1993): Eifel. Stürtz, Würzburg

Steinicke, B., Steinicke, G., Kremer, B. P. (2015): Magie der Vulkaneifel. Unterwegs zu Maaren, Kratern und Geysiren. Theiss, Darmstadt

Stock, I.: Wanderungen im Naturpark Rheinland. Wanderwege – Pflanzen – Tiere – Landschaften – Mythen. Mercator, Duisburg 2010

Stoffels, M., Thein, J. (2000): Die Mineral- und Heilquellen der Region Brohltal/Laacher See. Görres, Koblenz

Zäck, W. (2000): Schnee von gestern. Klimageschichte rund um die Eifel. Mayen

Bildnachweis

© Frank Hecker: S. 98 Wildkatze, S.99 Waldkauz, S. 119 Schwarzstorch
© Bruno P. Kremer: S. 96 Wald, S. 97 Adlerfarn, S. 98 Holzkeule,
© Bruno P. Kremer: Karte
© Bernd und Gabriele Steinicke: alle übrigen Aufnahmen

Graafen, R. (1961): Die Aus- und Abwanderung aus der Eifel in den Jahren 1815-1955. Forschungen zur deutschen Landeskunde 127, Bad Godesberg

Haffke, J. (2009): Kulturlandschaften und Tourismus. Historisch-geographische Studien in Ahrtal und Hocheifel (Nürburgring). Dissertation, Bonn

Haffke, J., Schmickler, A. (2015): Das Ahrtal von oben. Faszinierende Aussichten. Eifel-Verlag, Köln

Harzheim, G. (2010): Wahrnehmungen und Umgang mit der Kulturlandschaft Eifel. Rheinisches Jahrbuch für Volkskunde 38, 189-207

Herkendell, J. (2006): Bad Münstereifel und seine Wälder. Bd. 1: Die landwirtschaftliche Nutzung. RVDL-Verlag, Köln

Hunold, A. (2011): Das Erbe des Vulkans. Eine Reise in die Erd- und Technikgeschichte zwischen Eifel und Rhein. Schnell + Steiner, Regensburg

Ippach, P., Mangartz, F., Schaaff, H. (2002): Krater und Schlackenkegel. Vulkanpark-Forschungen. Untersuchungen zur Landschafts- und Kulturgeschichte 6, Mainz

Jungheim, H. J. (1996): Die Eifel. Erdgeschichte, Fossilien, Lebensbilder. Goldschneck, Korb

Kremer, B.P. (Hrsg.) (1996): Laacher See. Landschaft, Natur, Kunst, Kultur. 2. Aufl., Wienand, Köln

Kremer, B.P., Caspers, N. (1986): Die Maare der westlichen Vulkaneifel. Rheinische Landschaften 5, 4. Aufl., RVDL-Verlag, Köln

Kremer, B.P., Meyer, W. (1986): Das Vulkangebiet der Hocheifel. Rheinische Landschaften 29, RVDL-Verlag, Köln

Kremer, B.P., Steinicke, B. (Hrsg.) (1993): Eifelmaare. Streifzüge durch eine faszinierende Landschaft. Wienand, Köln

Kubitz, B. (2000): Die holozäne Vegetations- und Siedlungsgeschichte in der Westeifel am Beispiel eines hochauflösenden Pollendiagramms aus dem Meerfelder Maar. Dissertationes Botanicae 339, Cramer, Berlin

Landesamt für Geologie und Bergbau Rheinland-Pfalz (Hrsg.) (2005): Geologie von Rheinland-Pfalz. Schweizerbart'sche Verlagsbuchhandlung, Stuttgart

Landesamt für Geologie und Bergbau Rheinland-Pfalz (Hrsg.) (2010): Steinland-Pfalz. Geologie und Erdgeschichte von Rheinland-Pfalz. Schweizerbart'sche Verlagsbuchhandlung, Stuttgart

Lauterbach, M., Kumerics, C. (2014): Vulkane, Schluchten, Höhlen. Geologische Naturwunder in Deutschland. Wissenschaftliche Buchgesellschaft, Darmstadt

Löber, K. (Hrsg.) (2000): Das Rodder Maar. Ein Ort des Wanderns und der Wissenschaft im Vulkanpark Brohltal/Laacher See. Selbstverlag, Niederzissen

Look, E.-R., Feldmann, L. (2006): Faszination Geologie. Die bedeutendsten Geotope Deutschlands. Schweizerbart'sche Verlagsbuchhandlung, Stuttgart

Lutz, H. (1998): Fossilfundstätte Eckfelder Maar. Archiv eines Lebensraumes in der Eifel. Landessammlung für Naturkunde Rheinland-Pfalz, Mainz

Lutz, H., Lorenz, V. (2013): Early volcanological research in the Vulkaneifel, Germany, the classic region of maar-diatreme volcanoes: the years 1774-1865. Bulletin of Volcanology 75, 743-759

Meyer, W. (2000): Vulkanpark Brohltal/Laacher See. Ein geologischer Führer. Selbstverlag der Verbandsgemeinde Brohltal, Niederzissen

Meyer, W. (2013): Geologie der Eifel, 4. Aufl., Schweizerbart'sche Verlagsbuchhandlung, Stuttgart

Müller, W. (2006): Der Steinlehrpfad an der Klostermauer von Maria Laach. Selbstverlag der Verbandsgemeinde Brohltal, Niederzissen

Müller, W. (2014): Das Laacher-See-Gebiet. Ars liturgica, Maria Laach

Müller, W., Schumacher, K.-H. (2013): Steinreiche Eifel 2. Herkunft, Gewinnung und Verwendung der Eifelgesteine. Görres, Koblenz

Müller, W., Schumacher, K.-H. (2015): Steinreiche Eifel 3. Herkunft, Gewinnung und Verwendung der Eifelgesteine. Görres, Koblenz

- **Astronomie-Werkstatt „Sterne ohne Grenzen"**, Internationaler Platz Vogelsang IP, 53937 Schleiden, 0221-44 90 05 86, www.sterne-ohne-grenzen.de
- **Nationalpark-Tor Gemünd**, Kurhausstr. 6, 53937 Schleiden-Gemünd, 02444-20 11
- **Nationalpark-Tor Heimbach**, An der Laag 4, 52396 Heimbach, 02446-80 57 916
- **Nationalpark-Tor Monschau-Höfen**, Hauptstr. 72, 52156 Monschau-Höfen, 02472-80 25 079
- **Nationalpark-Tor Niedeggen**, Im Effels 9, 52385 Nideggen, 02427-33 01 150
- **Nationalpark-Tor Rurberg**, Seeufer 3, 52152 Simmerath-Rurberg, 02473-93 770
- **Wasser-Info-Zentrum Eifel**, Karl-H.-Krischer-Platz 1, 52396 Heimbach, 02446-91 19 906 www.wasser-info-zentrum.de
- **Biologische Station StädteRegion Aachen e.V.**, Zweifaller Str. 162, 52224 Stolberg, 02402-12 61 70, www.bs-aachen.de
- **Biologische Station im Kreis Düren e.V.**, Zerkaller Str. 5, 52385 Niedeggen, 02427-94 98 70, www.biostation-dueren.de
- **Besucherbergwerk Grube Wohlfahrt**, Aufbereitung II Nr.1, 53940 Hellenthal, 02448-91 11 40, www.grubewohlfahrt.de
- **Bergbaumuseum Mechernich**, Bleibergstraße 6, 53894 Mechernich, 02443-48 697, www.bergbaumuseum-mechernich.de
- **WaldPädagogikZentrum Eifel im LVR-Freilichtmuseum Kommern**, Auf dem Kahlenbusch, 53894 Kommern, 02234-99 21 555, www.kommern.lvr.de
- **Naturzentrum Eifel**, Urftstraße 2-4, 53947 Nettersheim, 02486-12 46, www.naturzentrum-eifel.de
- **Infostätte „Mensch und Natur"**, Tiergartenstr. 70, 54595 Prüm, 06552-98 57 55, www.naturpark-eifel.de
- **Eisenmuseum**, Römerwall 12, 54584 Jünkerath, 06597-14 82, www.eisenmuseum-juenkerath.de
- **Naturparkzentrum Botrange**, Route de Botrange 131, B-4950 Robertville, 0032-80 44 03 00, www.botrange.be
- **Naturzentrum Haus Ternell/CRIE Eupen**, Ternell 2-3, B-4700 Eupen (zwischen Eupen und Monschau), 0032-87 55 23 13, www.ternell.be

Literatur

Berndorf, J. (2008): Gebrauchsanweisung für die Eifel. Piper, München

Blum, W., Meyer, W. (2006): Deutsche Vulkanstraße. 280 erlebnisreiche Kilometer im Vulkanland Eifel. Görres, Koblenz

Burggraaff, P. (1995): Die Kulturlandschaft Eifel. Eine Anregung zur Diskussion. Kulturlandschaft. Zeitschrift für Angewandte Historische Geographie 5, 20-22

Burggraaff, P. (1998): Wald und Landwirtschaft in der Eifel im 21. Jahrhundert – abgeleitet am Beispiel des Kreises Daun aus historischer Sicht. Koblenzer Geographisches Kolloquium 20, 16-29

Burggraaff, P., Haffke, J., Kleefeld, K-D., Kremer, B. P. (2012): Auf Tour: Eifel. SpringerSpektrum, Heidelberg

Cremer, D., Steinicke, G., Steinicke, B. (1989): Maria Laach. Münster und Mönche am See. Lahn-Verlag, Limburg

Erdmann, C., Pfeffer, K.-H. (Hrsg.) (1997): Eifel. Sammlung Geographischer Führer, Bd. 16, Gebrüder Bornträger, Berlin, Stuttgart

Fischer, H. (1989): Rheinland-Pfalz und Saarland. Eine geographische Landeskunde. Wissenschaftliche Länderkunden, Bd. 8/IV, Wissenschaftliche Buchgesellschaft Darmstadt

Friis, C. (2014): Fossilien der vulkanischen Osteifel. Görres, Koblenz 2014

Die empfohlenen Erlebniswege und Geopfade sind an den Straßen im Gebiet mit Großbuchstaben markiert. Einzelne Abschnitte sind Bestandteil der Deutschen Vulkanstraße, die am Laacher See beginnen.

Natur- und Geopark Vulkaneifel (Sitz in Daun) mit der zentralen Anlaufstelle:
Mainzer Straße 25, 54550 Daun, 06592-93 33 47, www. geopark-vulkaneifel.de

- **Maarmuseum / Landessammlung für Naturkunde Rheinland-Pfalz**, Wittlicher Straße 11, 54431 Manderscheid, 06572-92 03 10, www.maarmuseum.de, www.eckfelder-maar.de
- **Vulkanhaus**, Hauptstraße 38, 54588 Strohn, 06573-95 37 21, www.vulkanhaus-strohn.de
- **Eifel-Vulkanmuseum**, Leopoldstraße 9, 54550 Daun, 06592-98 53 53, www.vulkaneifel.de/eifel-vulkanmuseum
- **Geologisch-mineralogische Sammlung**, Burgstraße 20, 54576 Hillesheim, 06593-80 92 00, www.hillesheim.de
- **Naturkundemuseum**, Hauptstraße 72, 54568 Gerolstein, 0651-98 99 459, www.naturkundemuseum-gerolstein.de

Naturpark Südeifel

Der Naturpark Südeifel ist der deutsche Teil des Deutsch-Luxemburgischen Naturparks.
Ein guter Anlaufpunkt ist das:
- **Naturparkzentrum Teufelsschlucht**, Ferschweilerstraße, 54668 Ernzen, 06525-93 39 30, www.teufelsschlucht.de
- **Geomuseum Devonium im Haus des Gastes**, Hauptstraße 28, 54649 Waxweiler, 06554-811, www.devonium.de

Naturpark Rheinland

Das neu konzipierte Haus der Natur auf dem Bonner Venusberg informiert über viele Aspekte des Naturparks. Weitere Informationen sind über die Zentrale der Naturparkverwaltung abrufbar:
- **Naturpark Rheinland**, Willy-Brandt-Platz 1, 50126 Bergheim, 02271 83 49 423, www.naturpark-rheinland.de

Nationalpark Eifel und
Deutsch-Belgischer Naturpark Hohes Venn-Eifel

Der Nationalpark Eifel liegt innerhalb des Deutsch-Belgischen Naturparks Hohes Venn - Eifel und bildet dort einen besonderen Schwerpunkt mit seinem Zentrum „Vogelsang IP" und den fünf Nationalpark-Toren; daneben gibt es weitere interessante Anlaufpunkte in der weitläufigen Region des Naturparks.
- **Nationalpark-Zentrum Eifel Forum Vogelsang IP**, 53937 Schleiden, www.nationalparkzentrum-eifel.de, 02444-91 57 40
- **Nationalpark-Eifel**, www.nationalpark-eifel.de, www.nationalpark-eifel.de/barrierefrei

Besuchertipps und Literatur

Natürlich ist es immer am schönsten, die vielfältige Eifelnatur draußen selbst zu erkunden. Aber schon der oft zitierte Goethe wusste auch: „Man sieht nur, was man weiß". Der erlebnisorientierte Genuss der Landschaft braucht eben die orientierende Vorinformation. Aus gutem Grunde hat man daher in der Eifel zahlreiche Informationszentren sowie geowissenschaftlich ausgerichtete Museen eingerichtet, deren Besuch wir nachdrücklich empfehlen. Daneben gibt es zahlreiche weitere Anlaufstellen für überraschende Erkundungen – vom Ahrweinforum in Bad Neuenahr-Ahrweiler über die historische Senfmühle in Monschau bis hin zum Mausefallenmuseum in Neroth. Mehrere Dutzend museale Einrichtungen haben sich zum Verein EIFELmuseen e.V. zusammengeschlossen und machen den über lange Zeit gewachsenen Natur- und Kulturraum in seinen vielen Facetten erlebbar. Nähere Informationen finden Sie unter www.eifelmuseen.de sowie www.eifelschätze.de.

Die folgenden Hinweise konzentrieren sich jedoch auf Einrichtungen mit Ausstellungen und Informationen zur Eifelnatur. Fast überall werden hier auch Wanderungen mit sachkundiger Führung angeboten. Die Reihenfolge der Empfehlungen ist an die Kapitelfolge innerhalb unseres Buches angelehnt.

Nationaler Geopark Vulkanland Eifel

Der im Jahre 2005 eingerichtete rheinland-pfälzische Geopark thematisiert vor allem das erdgeschichtliche Erbe der rund 2200 km² großen Vulkaneifel zwischen dem Rhein und der belgischen Grenze. Er schließt die folgenden drei Geoparks zu einer Erlebniseinheit zusammen:

Vulkanpark im Landkreis Mayen-Koblenz mit folgenden Anlaufstellen:

- **Infozentrum Rauschermühle**, Rauschermühle 6, 56637 Plaidt, 02632-98 750, www.vulkanpark.com
- **Lava-Dome und Lavakeller**, Brauerstraße 1, 56743 Mendig, 02652-93 99 333, www.lava-dome.de
- **Geysir-Infozentrum**, Konrad-Adenauer-Allee 40, 56626 Andernach, 02632-95 80 080, www.geysir-andernach.de
- **Römerbergwerk Meurin**, An der B256, 56630 Kretz, 02632-98 750, www.vulkanpark.com
- **Vulkanpark-Erlebniszentrum Terra Vulcania**, An den Mühlsteinen 7, 56727 Mayen, 02651-49 15 06, www.vulkanpark.com
- **Eifelmuseum und Deutsches Schieferbergwerk in der Genovevaburg**, 56727 Mayen, 02651-49 85 08, www.mayen.de/Tourismus-und-Events

Vulkanpark Brohltal/Laacher See (Sitz in Niederzissen) mit der Anlaufstelle:

- **Tourist-Information Brohltal**, Kapellenstraße 12, 56651 Niederzissen, 02636-19 433, www.brohltal-tourismus.de

Brackvenn, Narzissenwiesen und Buchenhecken
Im Randgebiet des Hohen Venn

Heckenzeilen, fast ausschließlich aus sorgsamst geschnittener Rot-Buche, durchgliedern nicht nur die freie Flur, sondern finden sich in vielen Ortschaften auch als haushohe Schutzschilde vor den Wohngebäuden oder als Zierelemente in den hausnahen Gärten.

Hohe Hecken vor den Häusern

Neben dem Flurheckennetz stellen die zahlreichen Hausschutzhecken eine vielleicht noch augenfälligere Eigenart dieser Kulturlandschaft dar: Fast baumhohe Heckenwände umstellen die einzelne Gehöfte und Anwesen. Rund um Monschau prägen sie das Ortsbild von rund 20 Dörfern. Solche Heckenwände innerhalb der Ortsbebauung finden sich sonst in keiner mitteleuropäischen Kulturlandschaft. Diese hohen Heckenschutzschilde bestehen aus engständig einreihigen Rotbuchenpflanzungen und sind bei 30-90 cm Tiefe meist zwischen 6 und 8 m hoch. Um eine formschöne Rotbuchenhecke zu erhalten, sind fast jährlich Pflegearbeiten erforderlich. Den periodischen Schnitt, die gegenseitige Verflechtung und den Engstand im Heckenverband erträgt die Rot-Buche erstaunlich gut, obwohl sie solchen Bedingungen in der Natur kaum ausgesetzt ist. Der Triebspitzenrückschnitt und die daraus resultierende dichtere Verzweigung ist biologisch der Windschur vergleichbar, die Baumkronen an windoffenen Standorten der Küste zu oft abenteuerlich aussehenden Gebilden verformt, die zuletzt keine arttypischen Kronenumrisse mehr aufweisen.
Gegenwärtig gibt es im Monschauer Heckenland noch etwa 900 Hausschutzhecken mit einer Gesamtlänge von rund 25 km. In den randnah zum Hohen Venn gelegenen Ortschaften (z. B. Mützenich) sind sie häufiger und durchschnittlich auch länger als in vennferneren Siedlungen (z. B. Eicherscheid).

Eine Hausschutzhecke entfaltet beachtliche Schutzwirkungen: Sie verringert den Winddruck auf die Gebäude und verhindert ungünstige Wirbelbildungen, die sonst im Lee Bauschäden herbeiführen können. Ferner gleicht sie die Boden- und Lufttemperaturen aus. Einen guten Eindruck der Heckentypologie bietet der am Naturhaus Seebend in Monschau-Höfen startende rund 5 km lange Hecken-Wanderweg.

Hier endet nun unsere Erkundung der Eifelnatur von Ost nach West, von Süd nach Nord, von den Rändern ins Innere und von den Tälern auf die Höhen. Wir sind fasziniert von der Vielfalt und Komplexität der Naturphänomene. Vielleicht haben wir Sie mit unserer Begeisterung anstecken können, sich selbst auf den Weg zur Erkundung der Eifelnatur zu machen, sofern Sie das nicht ohnehin schon längst getan haben.

Auf ein Wiedersehen in der schönen Eifel!

Brackvenn, Narzissenwiesen und Buchenhecken
Im Randgebiet des Hohen Venn

135

Eine alte Kulturlandschaft

Von Natur aus wäre die Rureifel ein Gebiet geschlossener Laubwälder: In den nährstoffarmen, trockeneren bis frischen Hanglagen sind es Hainsimsen-Buchenwälder, auf den nährstoffreicheren feuchten bis nassen Talsohlen entlang der Bäche Erlen-Auenwälder und auf anmoorigen Standorten im Talgrund vorwiegend Erlenbruchwälder. Heute bestimmen hier jedoch überwiegend offene waldfreie Lebensräume wie Wiesen, Weiden und Äcker neben Verkehrswegen und Siedlungsflächen das Landschaftsbild.

Das annähernd 300 km² große Monschauer Heckenland umfasst die Gemeindegebiete von Simmerath, Monschau und Roetgen. Die Feldfluren dieser Hochfläche sind mit einem auffällig engmaschigen Netz von Feldgehölzen und Buschhecken überspannt.

Vor allem auf den heute als Grünland genutzten Flächen sind die langen, geschlossenen Heckenzeilen sowohl Grenzmarken der Flurparzellen als auch mechanischer Schutz oder einfach lebende Weidezäune. Vergleichbar ausgedehnte Gehölzzeilen finden sich nur noch in Teilen des Münsterlandes und des fränkischen Mittelgebirges sowie in der Knicks von Schleswig-Holstein. Nur selten sind es andere Gehölze als die gebietstypische Rot-Buche.

∧
Attraktive Erscheinung: **Wiesen-Salbei**

\>
Gebüschriegel und Gehölzinseln *– eine wohltuend gegliederte Kulturlandschaft*

∨
Typisch Hasenherz: *sicherheitshalber erst einmal auf und davon...*

Brackvenn, Narzissenwiesen und Buchenhecken
Im Randgebiet des Hohen Venn

Üppig blumige Wiesen

Wenn im Frühjahr die Narzissen blühen, sind Fuhrts- und Perlenbachtal sowie das Oleftal für Pflanzenfreunde eine überregional attraktive Pilgerstätte. Solche narzissenreichen Wiesen findet man in Deutschland nur im deutsch-belgischen Grenzgebiet der Eifel sowie im Hunsrück.

Ursprünglich stammt die Gelbe Narzisse aber gar nicht aus den Wiesen. Von Natur aus ist sie eine Pflanze lichter Laubmischwälder der Auen und Talhänge im westlichen Europa. Man findet sie in einem weiten Bogen vom walisischen Bergland Großbritanniens, über Ardennen, Eifel und Hunsrück, Vogesen, die westliche Schweiz, Burgund und Zentralfrankreich bis hin zu den Pyrenäen. Mit ihrem ursprünglich auf den Wald abgestimmten Entwicklungsrhythmus konnte sie sich optimal in den Bewirtschaftungsrhythmus einschüriger Mähwiesen einpassen und hier fallweise Massenvorkommen entwickeln.

Laubblätter und Blüten der Gelben Narzisse sind zierlicher als die der Gartenformen. Die Nebenkrone zeigt sich dottergelb, jeder freie Kronblattzipfel jedoch blass zitronengelb. Nach der Fruchtreife ziehen die Narzissen allmählich ein, erkennbar an der zunehmenden Gelbfärbung der Blätter. Die Zwiebeln haben indessen genügend Reservestoffe gespeichert, um im Folgejahr erneut Blätter und Blüten treiben zu können. Meist reicht die Reserve auch aus, um Tochterzwiebeln für die vegetative Vermehrung zu bilden. Mit der Samenreife endet der oberirdische Lebensabschnitt. Die schwarz glänzenden Samen fallen aus den Kapseln. Für deren kleines fetthaltiges Anhängsel, Elaiosom genannt, interessieren sich die Ameisen. Sie nutzen die energiereiche Kost, verschleppen die Samen und tragen so zur Ausbreitung der Art bei.

Der sommerliche Besucher der benannten Täler sieht davon allerdings nichts mehr. Jetzt durchwandert er im aromatischen Duft die von den weißen Blütenschleiern der Bärwurz dekorierten Talgründe. Aber auch der sonstige Artenreichtum ist enorm – auf wenigen Quadratmetern ist mit wenigstens 30, meist aber mit 40 und mehr verschiedenen Pflanzenarten zu rechnen. Daher stehen die narzissenreichen Bärwurzwiesen schon seit geraumer Zeit unter der besonderen Obhut der Nordrhein-Westfalen-Stiftung.

Kaum zu toppen:
Narzissenblüte *im Monschauer Land*

Die Blüten der Wilden Narzisse sind kleiner als die der üblichen Osterglocken.

Wilde Narzissen besiedeln auch gerne lichte Wälder.

Brackvenn, Narzissenwiesen und Buchenhecken
Im Randgebiet des Hohen Venn

Das östlich flankierende eifelseitige Vorland des überwiegend belgischen Hohen Venns umfasst die Rureifel mit der Hollerather, Dreiborner und Hürtgener Hochfläche. In diese alten Rumpfflächen haben sich die Schluchttäler von Rur, Urft und Olef mit ihren diversen Nebenbächen geradezu canyonartig tief eingeschnitten. Ansonsten ist die Landschaft relativ reliefarm – weithin bestimmen leicht gewellte Hochflächen das Bild. Zum Hohen Venn hin erreichen sie aber immerhin eine Höhe von fast 700 m ü. NN. Wir befinden uns hier in der niederschlagsreichsten Region am westlichen Eifelrand – mit 1300 mm/Jahr regnet es mehr als doppelt so ergiebig wie in Bonn. Daher konnten sich in diesem Gebiet sogar regenernährte Hochmoore entwickeln, begünstigt von staunassen Böden. Sie gehören zu den bedeutendsten Biotopschätzen der Region.

Von Palsen und Pingos

Hochmoortorf weist einen großen Porenraum auf und kann folglich viel Wasser speichern. Wo in den Kaltzeiten nur eine dünne Schneedecke auflag und die winterliche Gefrierfront rasch in tiefere Bodenschichten vordrang, bildeten sich größere Eislinsen. Dabei vergrößerte sich das Volumen des Wasserkörpers, wodurch er Druck auf seine unmittelbare Bodennachbarschaft ausübte, dort in den kurzen sommerlichen Gefrierintervallen das restliche Wasser auspresste und dieses an der schon vorhandenen Eislinse anfrieren ließ.

Ein im Boden steckender Eiskern dehnt sich jedoch nicht nur zur Seite, sondern auch nach oben aus. Er hebt also auch den deckenden Moorboden an, so dass meist 0,5–2 m hohe Erhebungen entstehen. Sie treten oft scharenweise in Strängen oder Serien auf und heißen dann Palsen. Ausgedehnte Palsamoore findet man in Alaska, Grönland und in Nordskandinavien. Einzelne und dann zumeist deutlich größere Permafrosthügel, die das Gelände überragen wie Bergkuppen, heißen Pingos, so bezeichnet nach einem Wort aus der Sprache der Inuit (wörtlich übersetzt: die Schwangere).

In Gebieten, in denen gegen Ende der Eis- bzw. Kaltzeit allmählich subarktische oder sogar gemäßigte Bedingungen einkehrten, tauten die vom Eiskern angehobenen Moorböden bei sommerlicher Erwärmung auf und glitten schließlich auf den Hügelflanken seitlich ab. Dadurch entwickelten sich charakteristische, die Form des früheren Eiskerns nachzeichnende Wälle. Wenn schließlich auch der innere Eiskern abtaute, entstand in der zentralen Vertiefung ein kleines Stillgewässer, in dem sich erst ein Niedermoor entwickelte, das oft genug in ein Hochmoor überging.

Palsen sind in den mitteleuropäischen Moorlandschaften eine große Rarität und so im Brackvenn, im Steinleyvenn und im Mützenicher Venn ein europaweit bedeutsames Geophänomen. Ein eindrucksvolles Beispiel mit verlandendem Moorweiher erreicht man vom Grenzort Mützenich auf beschildertem Weg, der rund 2 km weit über eine Bohlenstrecke führt. Vor Ort erläutern Infotafeln Abläufe und Eigenart.

vorherige Doppelseite:
Nicht unbedingt fußfreundlich: **Bülte und Schlenken im Moor** *(li)*

Moorrandwälder *sind gewöhnlich undurchdringlich (re)*

li.o.
Moorlilien *heißen bezeichnenderweise auch Beinbrech…*
li.m.
Torfmoosrasen mit Sonnentau
li.u.
Besenheide mit Dickkopffalter
Moore sind meist einsam, aber nicht eintönig. Die trockeneren Bereiche schmücken sich im Spätsommer mit der blühenden **Besenheide.**

∨

Die **Rauschbeere** *gilt als ungenießbar.*

∨∨

Bei der heimischen, nicht besonders wohlschmeckenden **Moosbeere** *besteht eine beachtliche Diskrepanz zwischen Blatt- und Fruchtgröße.*

Brackvenn, Narzissenwiesen und Buchenhecken
Im Randgebiet des Hohen Venn

Im Randgebiet des Hohen Venn

Als Pate der Eifeler Narzissen kann ich nur jeden einladen, diese wunderbare Landschaft im Naturpark Nordeifel zu besuchen und deren Schönheit zu genießen.

Jean Pütz

Brackvenn, Narzissenwiesen und Buchenhecken

Der Traum vom Eifelwald
Im Nationalpark Eifel

Wege zum Ziel:
Buchenwälder und Prozessschutz, Offenland und Managementzone

> *Das Offenland der **Dreiborner Hochfläche** bietet nicht nur weite Blicke in die Umgebung, sondern es weist auch eine eigene Flora und Fauna auf.*

>∨
Rothirschbrunft auf der Dreiborner Hochfläche: Der Wildbestand muss wegen des Verbisses allerdings auch im Nationalpark Eifel durch Jagd reguliert werden, da bisher natürliche Feinde fehlen. Aber vielleicht kommt ja der Wolf.

Fazit
1889 empfand man die Landschaft als „noch ganz ursprüngliche Fels- und Waldwildnis", obwohl sie das angesichts der vielfältigen Nutzung nicht war. Heute kann man sagen: Der Nationalpark Eifel ist schon auf dem Weg zur Wildnis, zum großen natürlichen Buchenwald. Was damals „Ende der Welt" genannt wurde, ist heute für Hunderttausende zum Ziel eines Traums geworden.

Seit Anfang der 1970er Jahre gab es auf dem Gelände des späteren Nationalparks einige Naturwaldzellen. Hier sollten sich die standortgerechten Buchen wieder ohne menschliche Einflüsse entfalten können, indem sie sich allmählich gegen die früher aufgeforsteten Fichtenbestände („Preußenbäume") durchsetzen. Es erfolgten keine Abholzungen mehr, abgestorbene Bäume blieben liegen, der Wald wurde nicht mehr „gefegt", d.h. die Entnahme von herumliegendem Holz für private Zwecke untersagt. In einem langwierigen Prozess komplexer Wechselbeziehungen zwischen Vegetation, Bodenorganismen und Klima (Beleuchtung, Wasserhaushalt, Temperaturen usw.) entstanden so ausgedehnte Buchenwälder, weil man auch den Verbiss durch Einzäunung verhinderte.

Dieses Konzept wurde im Nationalpark Eifel im Prinzip für den Hetzinger Wald und den Kermeter übernommen, zumal hier großflächige, aber seit Jahrhunderten für Bauholz und Köhlerei genutzte Waldgebiete bestehen. Die Reduzierung der Fichtenbestände zugunsten der Buchen geschieht nicht durch Einschlag, sondern hier erlaubt man den sonst gefürchteten Borkenkäfern ihr Tun. Nur im Randbereich des Nationalparks schützt man die benachbarten Waldareale außerhalb durch Rodung vor einem Übergreifen dieses Käfers, der Buchen unbehelligt lässt. Ansonsten lässt man die Fichten durch Ringeln (= gezielte Verletzungen der Rinde) eingehen und als Totholz durch Pilze und Organismen zersetzen. Anpflanzungen von nicht heimischen nordamerikanischen Douglasien werden überwiegend gerodet und durch Buchen ersetzt. Als Entwicklungsnationalpark hat der Nationalpark Eifel 30 Jahre lang Zeit, mit Hilfe dieses Prozessschutzes mindestens 75 % seiner Fläche entsprechend umzuwandeln, während andere Flächenanteile auch für Besucherzwecke erschlossen werden dürfen.

Die Managementzone betrifft 13 % der Nationalparkfläche, vor allem das Offenland im Bereich des ehemaligen Truppenübungsplatzes (Dreiborner Hochfläche) und entlang des Urftsees. Die regelmäßige Pflege dieser Bereiche etwa durch Beweidung oder Mahd begünstigt eine spezifische Flora und Fauna. Langfristig wird man entscheiden müssen, ob man auch diese Gebiete der natürlichen Evolution überlassen möchte.

Rot-Buchen fruchten in manchen Jahren sehr reichlich. Man spricht dann von Mastjahren.

Von diesem Segen profitieren Eichhörnchen und Wildschweine.

>

Viele Wege im Nationalpark verhelfen zu traumhaften Szenen im herbstlichen Wald.

Etwas Geologie: Rureifel und Mechernicher Triasbucht

Wie bei weiten Teilen der Osteifel bilden auch in der Rureifel mächtige Schichten des Unterdevon (Siegen, ca. 410-390 Mio.) die geologische Unterlage. Von der deutsch-belgischen Grenze an über die Dreiborner Hochfläche bis zum Kermeter nördlich der Urfttalsperre sind die gefalteten Sandsteinpakete innerhalb des Nationalparks Eifel in den erst durch die jüngere Hebung tief eingekerbten Tälern der Rur und Urft angeschnitten. Die Höhenlagen besitzen jedoch als eingeebneter Rumpf des variskischen Hochgebirges aus dem Erdaltertum einen sehr gleichförmigen Charakter. Es gibt keine markanten Bergkuppen.

Der Ostteil des Nationalparks ragt dagegen in die Mechernicher Voreifel mit gänzlich anderen geologischen Verhältnissen. Wie in der Südeifel (siehe Kapitel 4) bestimmt im Raum Nideggen Buntsandstein aus dem Erdmittelalter das Bild und verleiht der Landschaft einen eigenen Charakter. Die Eifeler Nord-Süd-Zone war in der Trias (vor ca. 245 Mio. J.) ein Senkungsgebiet, in dem sich Sedimente aus dem benachbarten Gebirge in einem verwilderten Flusssystem auf dem devonischen Untergrund ablagerten. In Felspartien heben sie sich durch ihre rötliche Farbe (Eisengehalt) deutlich von der Umgebung ab. In dieser Zeit haben die Blei-Zink-Erzlagerstätten der Umgebung ihren Ursprung, deren Abbau und Verhüttung jahrhundertelang in den Waldbestand eingriff und ihn infolge der verbreiteten Köhlerei tiefgreifend veränderte.

Einhergehend mit den geologischen Unterschieden ergibt die Formung des Reliefs, die wechselnde Exposition des Geländes zur Besonnung, die von Westen nach Osten sinkende Höhenlage der Hochflächen (ca. 600 – 300 m ü. NN) bei gleichzeitig steigender Temperatur und abnehmendem Niederschlag (ca. 600 – 1000 mm) im Nationalpark Eifel eine Vielzahl von Standorttypen für Flora und Fauna.

Man spricht von über 900 gefährdeten Tier- und Pflanzenarten der Roten Liste, die hier noch vorkommen. Über 1300 Käferarten wurden nachgewiesen. Dass es in den fünf Teillandschaften des Nationalparks, im Norden der Hetzinger Wald, im Zentrum der Kermeter und südlich anschließend die Dreiborner Hochfläche (ehemaliger Truppenübungsplatz Vogelsang), Dedenborn und Wahlerscheid zahllose weitere Arten gibt, steht dabei außer Frage.

Wald am Wasser: Die Talsperren an Urft und Rur

Der Nationalpark Eifel umschließt die Urfttalsperre und den Obersee der Rurtalsperre, berührt aber nur das östliche und nördliche Ufer der größeren Rurtalsperre. Die Aufstauungen der Urft und Rur, welche die landschaftliche Idylle und damit auch die touristische Attraktivität beträchtlich steigern, sind zu Beginn des 20. Jh. und in den 1930er Jahren aus energetischen und wasserwirtschaftlichen Gründen vorgenommen worden. Für sie gilt nicht der Grundsatz des Nationalparks „Natur Natur sein lassen". Natürlich haben die Seen Einfluss auf das Kleinklima vor Ort und wirken auf diese Weise auch auf das Naturgeschehen im Nationalpark ein.

Der Traum vom Eifelwald im Nationalpark Eifel

Igel sind eher dämmerungsaktive Tiere.

Der **Schwarzstorch** ist kein Kulturfolger, sondern liebt geschlossene Waldgebiete.

Beim **Reh** deutet sich Nachwuchs an.

Neben Buchen bilden stellenweise auch **Eichen** größere Bestände im Nationalpark.

Der junge **Buchenwald** befindet sich in einem Wettkampf hin zum Licht.